흰 가운 검은 가운

일미칠근(一米七斤)

"쌀 한 톨을 생산하기 위해서는 일곱 근의 땀을 흘려야 한다."

설교 한 편을 작성하기 위해서 이만큼의 땀이 필요하다.

KB194832

스마트 설교 예화

흰 가운 검은 가운

일미칠근(一米七斤)

"쌀 한 톨을 생산하기 위해서는 일곱 근의 땀을 흘려야 하듯
설교 한 편을 작성하기 위해서는 이만큼의 땀이 필요하다"

변 이 주 저

도서출판 한글

흰 가운 검은 가운

2024년 1월 25일 1판 1쇄 인쇄
2024년 1월 30일 1판 1쇄 발행

저 자 변이주
발행자 심혁창
마케팅 정기영
디자인 박성덕
교 열 송재덕
인 쇄 김영배
펴낸곳 도서출판 한글

우편 04116
서울특별시 마포구 신촌로 270(아현동)
수창빌딩 903호

☎ 02-363-0301 / FAX 362-8635
E-mail : simsazang@daum.net
창   업 1980. 2. 20.
이전신고 제2018-000182

* 파본은 교환해 드립니다
* 정가 20,000원
*
ISBN 97889-7073-629-7-93230

머리말

이 책을 쓸 때 네 가지를 고려했다.

첫째, 맛있는(재미있는) 이야기

둘째, 감동을 주는 이야기

셋째, 신앙의 향기를 품은 이야기

넷째, 일반인의 읽을거리로, 설교에 활용 가능한 풍성한 예화

그러므로 이 책을 읽는 분들은 자신들도 모르는 사이 '좋은 글을 읽는 기쁨'과 '아름다운 이야기를 듣는 즐거움'에 푹 빠지게 될 것이다. 특히 목회자들에게는 더할 수 없이 좋은 예화 자료가 될 것이다.

설교 예화는 성경에 있는 내용만으로도 족하다고 하는 분들이 있다. 그러나 나는 음식의 맛을 양념이 결정하는 것처럼 좋은 예화는 설교를 유익하게 할 수 있다고 생각한다.

이 책의 제목 '흰 가운 검은 가운'이 무슨 뜻인가?

흰색은 모든 색을 다 반사(배척)한다. 목회자는 모름지기 '진리' 외에 잘못된 사상은 그 어떤 것이든지 모두 배척해야 할 것이다.

검은색은 흰색과 달리 모든 색을 다 흡수(포용)해서 이루어진 것이다. 목회자는 교회에 들어오는 사람은 누구든지 다 환영하고 끌어안아야 한다.

또한 이 책의 부제목이 '일미칠근'이다.

일미칠근(一米七斤) — '쌀 한 톨 생산하는데 땀을 일곱 근이나 흘린다'는 뜻이다. 농민들의 애간장이 얼마나 녹아나는가를 일깨워 주는 말이다.

그런가 하면 '米'자는 '쌀'을 뜻하는 글자인데 그 구조가 '八＋十＋八'로

되어 있다. 즉 쌀 한 톨을 생산하기 위해서는 손이 여든여덟 번(88회)이 가야 한다는 뜻이다.

이 시대의 목회자들은 설교 한 편 작성하는데 일곱 근의 땀을 흘리고 88번이나 손질을 할 만치 열심과 정성을 다해야만 될 것이라는 생각을 해 보았다.

어찌 목회자들뿐이겠는가. 이 세상을 살아가는 모든 사람이 '일미칠근'의 정신으로 살아야 하지 않겠는가. 더구나 기독교인이라면 더 말할 필요가 없을 터―. 이 책이 이 시대를 살아가는 모든 사람에게 재미를 주고 큰 울림이 되기를 바라는 마음 간절하다.

이번에도 부족한 사람의 글을 책으로 엮어주신 도서 출판 '한글' 대표이시며 아동문학가이신 심혁창 장로님께 깊은 감사의 말씀을 전한다.

또한 20년 넘게 나의 눈을 치료해 주시는 전주의 '푸른안과' 김한규 원장님께도 이 자리를 빌려 감사의 말씀을 전한다. 원장님 덕분에 실명의 위기를 극복하고 계속 글을 쓸 수 있으니 감사하기 이를 데 없다.

차례

변화와 회개 / 131

우리말과 교육 / 207

구원과 진리

구원

1. 부끄러운 구원

1971년 12월 25일, 충무로에 있는 22층 건물인 대연각 호텔에서 대화재가 발생했습니다. 그 사건을 기억하고 계신 분들이 얼마나 될지 모르겠습니다. 대연각 호텔 화재는 아직도 세계 최대의 호텔 화재로 기록되어 있다고 합니다.

경건하게 보내야 할 성탄 전야를 호텔에서 흥청망청 먹고 마시며 죄악을 즐기던 사람들이 불행하게도 목숨을 잃었기에 더욱 안타까운 마음을 금할 수 없습니다. 한편 전도의 필요성과 경건 생활의 강조가 왜 중요한지를 깨닫게 하는 계기가 되기도 했습니다.

제가 대연각 호텔 화재를 아직도 생생하게 기억하고 있는 것은 그 화재 장소에서 제가 알고 있던 분이 목숨을 잃었기 때문입니다. 대연각 화재 사건을 생각할 때마다 고전 3:12~15이 떠오릅니다.

12 만일 누구든지 금이나 은이나 보석이나 나무나 풀이나 짚으로 이 터 위에 세우면
13 각각 공력이 나타날 터인데 그날이 공력을 밝히리니 이는 불로 나타내고 그 불이 각 사람의 공력이 어떠한 것을 시험할 것임이라
14 만일 누구든지 그 위에 세운 공력이 그대로 있으면 상을 받고
15 누구든지 공력이 불타면 해를 받으리니 그러나 자기는 구원을 얻되 불 가운데서 얻은 것 같으리라

화재 당시 소방차만으로는 인명구조가 불가능해 대통령 전용 헬기까지 동원되었고 육군항공대와 공군, 미8군 헬기까지 동원되었다고 합니다. 그

과정에서 우습기는 하나 결코 웃을 수 없는 에피소드가 한때 유행되기도 했습니다.

살기 위해서 헬기의 구조를 기다리던 사람 중에는 옷을 챙겨 입을 새도 없이 밖으로 뛰쳐나와 옥상으로 올라간 사람도 있었답니다. 물론 아무리 수치심이 강한 여자라고 해도 예외일 수는 없었을 것입니다.

헬기에서 내려온 구조의 줄을 잡으려니 수치스러운 부분을 가릴 손이 없습니다. 게다가 화재 현장에는 수많은 사람이 나와서 안타까워하는 마음으로 지켜보고 있는 상황인데 그렇다고 해서 헬기가 아무도 없는 곳에다가 벌거벗은 사람을 내려놓을 리가 없지 않습니까?

결국 가까스로 생명을 건지기는 건졌는데 벌거벗은 모습을 많은 사람에게 보였으니 이 얼마나 부끄러운 구원이겠습니까!

혹시 천국 구원에도 이런 경우가 있다면 어찌하겠습니까. 우리는 참으로 떳떳하고 만백성이 우러러보는 가운데서 주님을 따라 천국으로 입성하는 참된 성도가 되어야 할 것입니다.

2. 좁은 문으로 들어가라

13 좁은 문으로 들어가라 멸망으로 인도하는 문은 크고 그 길이 넓어 그리로 들어가는 자가 많고
14 생명으로 인도하는 문은 좁고 길이 협착하여 찾는 이가 적음이니라(마 7:13-14).

저는 이 말씀을 이해하기 위해서 노력도 하고 고심도 하고 나름대로 연구도 해보았습니다. 하필이면 좁은 문인가? 왜 좁은 문이 구원의 문인가? 문이 크고 길이 넓은 곳은 왜 멸망으로 통하는 것일까?

제 나름대로 연구하던 중 성경 원어에서 힌트를 얻고 무언가 깨달음이 오는 것을 느꼈습니다. 저의 깨달음이 꼭 옳은지는 모르겠습니다만 전혀 근거 없는 것은 아닐 것이라는 생각으로 여기에 적어 봅니다.

'좁은 문'에서 '좁은'과 '생명으로 인도하는 문은 좁고'에서 '좁고'는 성경 원어로 '스테노스(στενος)'인데, 그 뜻은 '(장애물이 가까이 있으므로)좁다'는 뜻입니다.

즉 생명으로 인도하는 문 앞에는 마귀의 미혹이라든지 세상의 유혹 등 반드시 극복해야만 할 많은 장애물 때문에 좁아졌다는 뜻입니다. 그렇기 때문에 그리로 들어가기 위해서는 가능한 한 몸을 가볍게 하고 짊어진 것이나 손에 쥔 것이 없어야 합니다. 다시 말하면 많은 것을 포기해야만 하는 것입니다. 세상에 집착한 사람들은 결코 포기할 생각이 없으니 생명의 길은 좁고 협착할 수밖에 없는 것이 아니겠습니까?

3. 朕許卿何禁(짐허경하금)

"朕許卿何禁"-"(임금인)내가 (기독교 전도를)허락했는데 (신하인)네가 왜 막느냐."

'朕許卿何禁—이 다섯 글자는 고종황제가 당시 평안감사 민병석에게 내린 어명입니다. 대원군은 기독교의 전파를 막았으나 고종황제는 조선에서 기독교가 전파되는 것을 왕명으로 허용했습니다. 그렇게 되기까지에는 의료선교사였던 알렌의 공이 컸습니다.

1884년 갑신정변이 일어났을 때 민비의 조카인 민영익이 부상을 입어서 상태가 아주 심각했습니다. 한의사들 14명이 최선을 다해 치료했지만 출혈을 멈추게 할 수가 없었습니다. 이때 의사인 알렌은 밤을 새워가며 수술해서 출혈을 막았고 3개월 이상이나 민영익을 치료하여 생명을 살렸습니다. 서양 의술의 탁월함을 인정한 고종은 알렌을 국왕의 시의로 봉했고 복음전도의 문이 열리게 되었던 것입니다.

이후 1885년 4월 5일, 조선의 정식 허가를 얻어 입국한 선교사가 바로 장로교의 언더우드 목사와 감리교의 아펜젤러 목사 부부였습니다. 그 뒤

를 이어 여러 선교사가 입국했는데 그중에서도 마펫(Moffett, 한국 이름 마포삼
열) 선교사는 얼마든지 안전을 도모할 수 있는 서울을 마다하고 위험하기
짝이 없는 평양에 선교부를 차렸던 것입니다.

평양에 교회가 세워졌고 교인이 20여 명 모이게 되었습니다. 기독교 전
파에 적개심을 품은 평안감사 민병석은 수요예배 드리는 교회를 급습하여
교인 모두를 체포하고 고문을 가하며 기독교 신앙을 포기하도록 윽박질렀
습니다.

많은 사람이 고통에 못 이겨 신앙을 포기했지만 조사로 있던 한석진과
전도인이었던 김창식 두 사람은 끝내 굴복하지 않았습니다. 평안감사는
두 사람에게

"하늘을 향하여 주먹질을 하면서 하나님을 욕하면 놓아주겠다."

고 했습니다. 그러나 한석진은 도리어 민 감사를 향하여 주먹질을 하면
서 꾸짖었습니다. 화가 난 감사는 한석진을 사형에 처하라고 엄명을 내렸
습니다.

이에 다급해진 선교사들은 외교관의 특권을 십분 발휘해 고종황제와 직
접 교섭을 하였습니다. 결국 황제는 어명을 내렸습니다.

"朕許卿何禁"

"임금인 내가 기독교 전도를 허락했는데 신하인 네가 왜 막느냐?"

한석진을 방면하라는 지엄한 분부(어명)인 것입니다. 한석진은 구사일생
으로 목숨을 건졌습니다.

마펫 선교사는 팔인교를 타고 평양으로 급히 내려가 사형장에 나가 있
는 한석진을 형리가 칼로 내리치기 직전 위기에서 구출하였습니다(김광수,
한국기독교성장사, 83쪽).

4. 나의 구원 예수 그리스도

가을에는 기도하게 하소서
낙엽들이 지는 때를 기다려 내게 주신
겸허한 모국어로 나를 채우게 하소서

가을에는 사랑하게 하소서
오직 한 사람을 택하게 하소서
가장 아름다운 열매를 위하여 이 비옥한
시간을 가꾸게 하소서

가을에는 호올로 있게 하소서
나의 영혼
굽이치는 바다와
백합의 골짜기를 지나
마른 나뭇가지 위에 다다른 까마귀같이

가을에는 기도하게 하소서
낙엽들이 지는 때를 기다리며
내게 주신 겸허한 모국어로
나를 채우소서

가을에는 사랑하게 하소서
가장 아름다운 열매를 위하여
이 비옥한 시간을 가꾸게 하소서

가을에는 홀로 있게 하소서
나의 영혼이 굽이치는 바다와
백합의 골짜기 지나
마른 나뭇가지 위에 다다른 까마귀같이.

우리는 '가을에는 기도하게 하소서' 하는 시를 지은 김현승 시인을 잘 알고 있습니다. 김현승 시인은 목회자 가정에서 5남매 중 둘째로 태어나 매우 엄격한 기독교의 가정교육을 받으며 자랐습니다.

젊은 시절 그는 기독교의 모범적인 청년이었고 자유로운 문학을 하였으면서도 술과 담배는 감히 입에도 대지 않았습니다.

그러나 그가 중년에 이르러 어느 정도의 문학적 명성을 얻고 친구도 많아지면서부터는 지금까지의 신념이 깨지면서 신앙이 무너지기 시작했습니다.

시에 대한 그의 애착과 확신은 참으로 대단하여 자신이 죽기 전날까지는 시를 계속 쓰리라고 스스로 장담하였고, 생명이 붙어 있는 한 시는 결코 버리지 않겠다고 다짐했습니다.

그러나 1972년 겨울, 고혈압 증세로 쓰러져 죽었다가 깨어난 뒤 그의 지대한 관심은 완전히 달라졌습니다. 이제 그의 애착과 신념은 결코 시에 있지 않았습니다. 차라리 시를 잃을지언정 기독교를 통한 구원의 욕망과 신념은 결단코 놓칠 수 없고 변할 수 없는 것이 되었습니다.

변화된 그는 만 2년 동안 주님의 뜻대로 살다가 하나님 나라로 부르심을 받았습니다만 그 2년의 삶이야말로 쓰러지기 전의 수십 년의 생활과 맞먹는 비중을 가진다고 고백했습니다. 과연, 예수님은 우리의 전부가 되십니다!

5. 그리운 삼보 할머니

이변이라면 이변이었습니다. 어쨌든 죽은 것으로 판명된 사람이 살아났다는 것은 이변 중에도 이변이 아닌가요?

삼보 할머니는 분명히 임종을 하셨고, 저는 교인들과 더불어 임종 예배를 드리고 왔습니다. 가족들은 이미 관과 수의를 준비했고 가까운 친척들에게 전화로 할머니의 임종 소식을 전했습니다. 그 할머니가 살아나신 것입니다.

'삼보 할머니'로 통하는 최만덕 할머니는 당시 86세의 고령이셨고 허리가 반쯤 굽어 지팡이에 의지하여 걸어 다니셨지만 몸 어디 불편한 곳 없이 건강한 편이셨습니다.

할머니는 교회만 오시면 금방 코를 드르렁드르렁 고시는 바람에 한바탕 웃음판이 벌어지곤 해서 '잠보 할머니'라는 별명을 얻으셨습니다. 그러면서도 예배 시간에는 빠지지 않고 지성으로 참석하셨습니다. 할머니는 날짜 가는 것도 모르시기 때문에 주일과 수요일은 꼭 알려드려야만 교회에 나오실 수 있었습니다.

할머니는 '잠보'라는 별명 외에도 코를 잘 흘리신다고 하여 '코보 할머니', 게다가 욕을 잘하신다 하여 '욕보 할머니'라는 명예롭지 못한 별명도 가지셨습니다. 아무튼 잠보, 코보, 욕보 하여 통칭 '삼보 할머니'로 통했습니다.

삼보 할머니가 어떻게 해서 의식을 다시 회복하게 되었는지 그건 잘 모르겠지만 아무려나 할머니는 의식을 회복하고 나서 느닷없이 천당 갔다 온 이야기를 해서 사람들을 놀라게 했습니다.

그 이야기는 좀 황당무계한 데가 있어서 신빙성이 있는 이야기는 아니지만 그렇다고 일자무식인 할머니는 그런 이야기를 꾸며서 할 수 있는 실력도 없는 형편이고 보니 더욱 신기한 일이었습니다.

그런데 할머니의 천당 갔다 온 이야기는 그렇다 치고 누구라도 부인할 수 없는 신기한 일이 일어났습니다. 의식을 회복한 후 기미 투성이었던 할머니의 얼굴에 광채가 나는가 하면 그렇게 흘려대던 코가 뚝 그쳐 버린 것이었습니다.

몇 달이 지난 후부터는 할머니 얼굴에 다시 기미가 끼고 코도 여전히 흘리셨지만, 참으로 감사한 것은 할머니의 믿음이 몰라보게 성장했다는 사실입니다. 아마 부활의 소망을 확실히 붙잡은 것 같았습니다.

그 후 할머니는 2년 이상 더 사시다가 하늘나라로 가셨지만 "어따어따, 내일이 벌써 주일이오?" 하며 반가워하시던 목소리와, 광채가 나던 그 얼굴이 눈에 삼삼 어릴 때면 지금도 삼보 할머니가 몹시도 그리워집니다.

기도

1. 겟세마네의 기도

예수께서 십자가 지시기 전, 제자들과 함께 오르셔서 마지막 기도를 드리신 곳이 겟세마네 동산입니다. 어찌나 간곡하게 기도하셨던지 '땀이 땅에 떨어지는 핏방울같이 되더라.'고 성경은 기록하고 있습니다(눅 22:44).

이곳이 '겟세마네'라는 이름으로 불리게 된 이유는 그곳에 기름 짜는 틀이 있었기 때문이라고 합니다. 그래서 '겟세마네(Γεθσημανη)'의 문자적 의미는 '기름틀'인 것입니다.

그런데 Γεθσημανη(겟세마네)라는 말은 아람어 גַּת(가트= 포도즙 틀)와 שֶׁמֶן(쉐멘= 기름)의 합성어인 가트슈마님(גתשמנים)에 그 기원을 두고 있습니다.

예수께서 기도의 장소로 '겟세마네 동산'을 택하신 이유가 그 어원에 있을지도 모르겠습니다. 기도는 어설프게 하는 것이 아니라 그야말로 기름을 짜듯 가슴을 쥐어짜며 온몸이 바스러지도록 힘써서 해야 한다는 교훈을 주시려는 의도에서가 아니겠는지요?

2. 기도다운 기도 —역경 속에서 드리는 기도—

저는 한때 피치 못할 사정으로 교도소에 수감된 적이 있습니다. 제 딴에는 십자가를 진다는 생각으로 선택한 것이었습니다만 지나고 보니 모두가 주님의 섭리였습니다.

교도소에 수감된 목사로서 제가 할 수 있는 일은 오직 기도하는 것밖에 없었습니다. 저녁 8시만 되면 취침 시간이고 일단 자리에 누우면 반듯한 자세로 누워 있어야 하는 것이 교도소 내의 규칙입니다. 그러나 저는 그 자리에 엎디어 거의 밤이 새도록 기도했습니다.

신참자의 자리는 으레 변소 옆이기 마련이지만 저는 출소할 때까지 변소 옆자리에서 잤습니다. 한여름이라 냄새가 지독하고 구더기도 기어 나왔지만 새로 들어온 사람을 제 옆에서 자게 하고 저는 항상 변소 바로 옆에 자리를 폈습니다.

무슨 자랑을 늘어놓는 것 같아 죄스럽기는 합니다만 저는 첫 목회를 시작하던 날부터 은퇴하기까지 기도와 관련하여 실천해 오는 것이 있습니다. 수요일 밤과 토요일 밤, 그리고 주일 밤은 교회에 자리를 펴고 기도하다가 잠이 드는 것이며 또한 매일 정오만 되면 소강대상 앞에 엎디어 기도하는 것입니다.

그런데 생각해 보면 그것은 기도라고 할 수도 없을 만치 의례적이고 성의 없는 기도였습니다. 그야말로 '겟세마네 기도', 즉 기름을 짜는 듯한 기도, 기도다운 기도는 교도소에 들어와서야 비로소 체험할 수 있었던 것입니다.

저의 잠자리가 항상 변소 옆이었기에 자다가 깨어 용변을 보려는 사람은 한동안 주춤할 수밖에 없었다고 합니다. 거의 한밤 내내 엎드려 기도하는 경건한 모습에서 그 어떤 위압감을 느꼈다는 것이었습니다.

폭력이 직업이다시피 한 그들이었지만 기도하는 모습에서 풍기는 경건한 분위기를 깨뜨려 놓을 용기가 나지 않아 정 참을 수 없을 때까지 누운 채 기다린다고 그들 입으로 실토를 하는 것이었습니다.

그렇게 3개월여 동안 교도소에 있다가 재판을 받고 집행유예로 풀려났습니다. 제가 석방되기 전날 밤, 교도소 사람들은 변소에서 가장 먼 곳에 자리를 펴고 저에게 말했습니다.

"목사님, 오늘 밤은 여기서 주무시고 내일 출소하십시오. 그리고 다른 목사님을 보내주십시오."

  세상 사람들은 전과가 있는 사람들을 무슨 짐승이나 대하는 듯 기피하
지만, 그러나 교도소를 제집 드나들 듯이 하는 사람들에게도 인간성은 소
멸될 수 없다는 것을 저는 똑똑히 느낄 수 있었습니다.

3. 하박국의 기도 ─실패를 끌어안고 드리는 기도─

구약성경 하박국서 3장 1절 말씀입니다.
시기오놋에 맞춘바 선지자 하박국의 기도라

  하박국 선지자는 계속하여 2절에서 환난 중에 있는 백성을 조속히 구원
해 주시기를 원하는 기도를 드리고 있습니다. 여기서 중요하게 살펴볼 용
어는 '시기오놋'과 '하박국', 그리고 '기도'라는 단어입니다.

  '시기오놋שִׁגְיֹנוֹת'이란, 곡조의 이름으로서 '열광적인 시'라는 뜻을 품고 있
지만 '정도를 벗어나다'는 뜻으로도 쓰입니다. 그런데 이 말은 '쇄가שָׁגָה'에
서 유래했는데 '쇄가שָׁגָה'는 '옆길로 벗어나다, 실수하다, (도덕적으로)죄를
짓다' 등의 뜻을 품고 있습니다.

  한편 선지자의 이름인 '하박국חֲבַקּוּק'은 '포옹'이라는 뜻을 품고 있습니
다. 이 말은 '하바크חָבַק'에서 유래했는데 그 뜻은 '(손을)쥐다, 껴안다' 등
입니다.

  대부분의 성경 주석가들이 '시기오놋שִׁגְיֹנוֹת'을 '곡조의 이름'으로 해석합니
다만 저는 조금 다른 생각을 해봤습니다. 2절 끝부분에 '진노 중에라도 긍
휼을 잊지 마시옵소서' 한 구절로 보아 선지자의 기도가 오랫동안 응답받
지 못한 상태에서 계속 기도하는 상황이라는 것을 알 수 있습니다. 기도
응답이 오랫동안 이루어지지 않으면 실망하여 기도를 중단할 수도 있을
것입니다.

그러나 신실한 선지자는 오랫동안의 기도가 응답받지 못했더라도, 즉 실패했더라도(시기오놋) 좌절하지 않고 오히려 그 실패를 끌어안고(하박국) 기도함으로써 결국 응답을 받고 하나님께 찬양과 영광을 돌려 드리는 것입니다.

3장 17~19이 이를 증명해 주고 있습니다.

> 17) 비록 무화과나무가 무성치 못하며 포도나무에 열매가 없으며 감람나무에 소출이 없으며 밭에 식물이 없으며 우리에 양이 없으며 외양간에 소가 없을지라도
> 18) 나는 여호와로 인하여 즐거워하며 나의 구원의 하나님으로 인하여 기뻐하리로다
> 19) 주 여호와는 나의 힘이시라 나의 발을 사슴과 같게 하사 나로 하여금 나의 높은 곳에 다니게 하시리로다'

실패와 절망에 좌절하지 않고 '시기오놋에 맞춘 하박국의 기도' 즉 실패를 끌어안고 기도하는 일이야말로 하나님의 도우심을 얻는 지름길이 아니겠는지요.

4. 아브라함 링컨과 기도

미국 남북전쟁 때의 일입니다. 어느 날 북군의 지도자들이 모여서 링컨을 위로했습니다. 그때 어떤 목회자가

"우리는 하나님께서 우리 편이 되셔서 북군이 승리하게 해달라고 기도합니다."

라고 말했습니다. 그때 링컨은 이렇게 대답했습니다.

"그렇게 기도하지 말고 '우리가 항상 하나님 편에 서 있게 해 달라'고 기도하십시오."

5. 어머니의 기도

월마 루돌프라는 여자아이는 4살 때 소아마비를 앓아서 걷지를 못했습

니다. 의사는 3년간 매일 물리치료를 받으라는 진단을 내렸습니다.

어머니는 하나님께 간절히 기도했습니다.

"하나님 아버지, 제 몸은 바스러져도 좋으니 이 아이만은 꼭 낫게 해주십시오."

기도로 간절히 하나님께 아뢰는 한편 매일 새벽 4시에 일어나 이웃의 농장에 가서 일을 합니다. 오후에 윌마를 업고 80km나 되는 병원을 버스를 타고 가 3년간 치료를 받게 했습니다. 드디어 윌마는 제 힘으로 서게 되었습니다. 그러나 걷는 연습은 더욱 힘이 들었습니다.

여러 차례의 좌절에 무릎을 꿇을 뻔했지만 그때마다 엄마는 호되게 꾸짖어가며 걷는 연습을 시켰습니다. 연습을 하다 넘어진 윌마의 얼굴과 옷은 먼지와 눈물로 범벅이 되었습니다. 너무 피곤해 고통도 잊은 채 잠이 든 윌마를, 엄마는 밤새도록 마사지를 하여 근육을 풀어주었습니다.

8살이 되었을 때 윌마는 절뚝거리며 혼자 등교할 만큼 건강이 좋아졌고 고등학교 때는 전교에서 가장 빠른 육상 선수로 변해 있었습니다.

1960년 로마 올림픽 육상경기―, 국가 대표로 출전한 윌마의 가슴은 무척이나 떨렸습니다. 그러나 어머니와 함께 달리던 때를 생각하며 스스로 용기를 얻었습니다.

"탕!"

출발 총소리와 함께 윌마는 힘을 다해 운동장을 달렸습니다. 1등! 그것도 100m를 11초에 달려 올림픽 신기록을 세운 것입니다. 그것으로 끝난 게 아니었습니다. 200m에서도 금메달을 땄습니다.

감동은 여기서도 끝나지 않았습니다. 400m 릴레이 경주가 시작되었습니다. 그런데 불행하게도 윌마의 바로 앞 선수가 넘어지는 불상사가 일어났습니다. 그러나 바톤을 이어받은 윌마는 죽을힘을 다해 달려서 역시 1등으로 들어왔습니다. 윌마는 세 개의 금메달을 목에 걸고 감격의 눈물을 흘렸습니다.

6. 귀뚜라미 울음소리와 단장의 기도

가을이 무르익어 갈 때마다 단풍을 찾는 행렬이 휴일은 물론 평일에도 끝도 없이 이어집니다. 모처럼의 가을 나들이가 오히려 피로를 가중시키는 결과를 가져왔다면 그건 여러모로 손해가 아닐 수 없을 것입니다.

일반적으로 현대인들은 눈의 나들이, 즉 보는 것을 위한 나들이에 익숙해 있습니다만 올가을에는 귀의 나들이, 즉 귀로 듣고 가슴으로 느끼는 나들이 한 번 떠나 보는 것이 어떻겠는지요?

봄밤을 대표하는 소리가 소쩍새 울음소리라면 가을밤을 대표하는 소리는 귀뚜라미 울음소리일 것입니다.

임을 찾아 밤새도록 울다 지친 소쩍새가 피를 토하고 죽어 진달래꽃을 피운다고 합니다. 그렇다면 귀뚜라미는 가을밤에 무슨 청승으로 저렇게 울고 있는 걸까요?

귀뚜라미 울음소리는 바로 톱질하는 소리라고 합니다. 긴긴 가을밤, 새파란 처자를 독수공방에 가둬놓고 눈이 빠지도록 기다리게 한 낭군의 애(창자)를 끊는 톱질소리—. 어쩐지 몹시도 애상하고 처연한 정서를 불러일으키는 이야기 아닌가요.

『세신설어』라는 책에 보면 '단장'의 어원 해설이 나와 있습니다.

진나라의 환온이라는 사람이 촉나라로 가기 위해 삼협을 배로 건널 때였습니다. 수행원 중 한 사람이 원숭이 새끼를 붙잡아서 희롱을 했는데 그 어미가 백 리를 따라오며 울부짖다가 결국에는 배로 뛰어들어 죽고 말았습니다.

해부를 해보니 창자가 토막토막 끊어져 있었습니다. 환온은 비록 짐승일지언정 어미의 정을 짓밟은 수행원을 내쫓아버리고 말았답니다.

또 근세조선 중종 때 학자 노득강이라는 사람의 견문기에는 이런 이야기도 있습니다.

노득강이 그의 친지를 방문했을 때 그 집에는 꾀꼬리 어미와 새끼를 분리해 키웠는데 그 어미가 모이도 먹지 않은 채 슬피 울기를 마지않더니 결국에는 조롱에 머리를 찧어 죽었습니다. 배를 갈라보니 창자가 녹아 있더라는 것이었습니다.

이런 고사에서 '창자가 끊어질 듯한 슬픔이나 괴로움'이라는 뜻을 가진 '단장(斷腸)'이라는 말이 나왔습니다.

'단장의 미아리 고개'는 또 어떻습니까?

미아리 눈물 고개 임이 넘던 이별 고개
화약 연기 앞을 가려 눈 못 뜨고 돌아설 때
당신은 철사 줄로 두 손 꽁꽁 묶인 채로
뒤돌아보고 또 돌아보며 맨발로 절며절며
울고 넘던 이 고개여 한 많은 미아리 고개

그야말로 동족상잔의 한이 서린, 애끓는 노래가 아닌가요?

무자비하게 학살당하는 현장으로 사랑하는 가족이 끌려가는 모습─. 상상조차 하기 싫은 끔찍한 모습입니다.

세상에 단 하나밖에 없는 분단된 나라, 다시는 동족의 가슴에 총부리를 겨누고 피를 흘리는 참상이 벌어져서는 아니 되겠습니다.

귀뚜라미가 톱질하는 가을이 아니더라도 우리 성도와 목회자들은 그야말로 '단장의 기도'를 드려야 할 줄 압니다.

겁도 없이 지옥을 향해 달려가는 수많은 군중을 볼 때와 아무리 목이 터져라 외쳐도 진리를 외면하는 성도들을 바라볼 때와 부르짖고 또 부르짖어도 개선되지 않는 교회의 침체 속에서 '단장의 기도' 소리를 주님께 들려드려야 하지 않을까요?

혹시 귀뚜라미의 톱질소리가, 기도하지 않는 한국 교회를 보시며 안타까워하시는 우리 주님의 애간장 녹는 소리로 들린다면 우리는 아마 자다가도 벌떡 일어나서 애가 녹는 심정으로 단장의 기도를 할 수 있지 않을까 생각합니다.

7. 기도와 호흡

우리는 흔히 '기도'를 '호흡'에 비유합니다. '호흡(呼吸)'이란 숨 쉬는 것을 말합니다. 사람은 물론이거니와 모든 동물이나 식물도 숨을 쉬지 못하면 죽습니다.

그렇다면 어떤 이유에서 '기도'를 '호흡'에 비교한 것일까요? 그야 숨을 쉬지 않으면 육신이 죽는 것과 같이 기도를 하지 않으면 영혼이 죽으니까 하는 소리가 아닌가요?

맞는 말입니다. 그러나 너무 안일한 해석이라는 생각이 들지 않습니까? 그래서 저는 좀 더 현실적인 차원에서 이 문제를 생각해 보았습니다.

'호흡(呼吸)'에서 '호(呼)'는 '날숨' 즉 '내쉬는 숨'을 뜻합니다. 그리고 '흡(吸)'은 '들숨' 즉 '들이쉬는 숨'을 말합니다.

숨을 내쉴 때 몸속에 있는 이산화탄소 등 나쁜 공기를 밖으로 배출하고, 숨을 들이쉴 때 몸 밖에 있는 신선한 공기 즉 산소를 몸속으로 흡입하는 것입니다. 그렇게 함으로써 활동력이 생기고 생기가 돌며 생명이 유지되는 것입니다.

이와 마찬가지로 기도할 때 세상살이에서 오는 고달픔과 짜증, 원망, 불평, 사탄의 유혹 등 모든 부정적인 요소를 밖으로 배출하고 믿음과 사랑과 소망, 그리고 인내와 자비와 양선과 온유와 절제 등 생산적인 요소로 가득 채우게 되는 것입니다.

　그래서 사탄의 유혹을 이기고 승리하게 되는 것이 아니겠습니까? 참된 성도라면 모름지기 기도하는 일에 게으름을 피워서는 안 될 것입니다.

미혹

1. 사탄의 미끼

제 딸아이가 아주 어렸을 적, 그러니까 10원짜리 동전만 돈인 줄 알고 100원짜리에는 관심이 전혀 없을 때입니다.

어쩌다 100원짜리 동전이 하나 생겨 그것을 가지고 놀고 있었습니다. 그 노는 모습을 세 살이 위인 제 오빠 녀석이 보았습니다. 이 녀석이 동생의 뒤로 가더니 10원짜리 동전 하나를 동생 앞에 똑! 떨어뜨리는 것이었습니다.

동생이 10원짜리 동전에 눈을 돌리는 순간 녀석은 잽싸게 100원짜리를 집어서 유유히 사라지는 것이었습니다. 그것을 보고 있는 제 마음속을 여러 가지 생각이 스치고 지나갔습니다.

오빠 녀석의 그 영악하고 이악스러운 모습과 딸아이의 그 순진하고 천진스러운 모습에서 사탄과 성도의 모습을 동시에 보았기 때문이었습니다.

사탄은 성도 앞에 그럴듯한 미끼를 놓아 유혹하는데 성도는 그것이 미끼인 줄도 모르고 잘도 속아 넘어가니 어찌 안타깝지 않겠습니까!

사탄은 현대인의 가치관을 완전히 뒤집어놓고 말았습니다.

일체의 가치는 거룩한 것 즉 신적인 것에 종속한다.

이와 같은 가치관의 대명제가 지금은 완전히 무너져 버렸을 뿐만 아니라 가치의 체계가 뒤죽박죽이 돼 버렸습니다.

경제적 가치(최하위 가치)→ 육체적 가치→ 오락적 가치→ 집단적 가치→ 품성적 가치→ 지적 가치→ 미적 가치→ 종교적 가치(최고의 가치)

이것이 정상적인 가치체계인데 오늘날은 어떠합니까? 최고의 위치에 있어야 할 종교적 가치는 땅에 떨어진 반면에 최하위에 있어야 할 물질적 가치가 오히려 최고, 최상의 자리를 차지하고 있는 실정입니다.

물질만능주의로 표현되는 '돈'에 대한 애착은 그 도를 넘어 믿음마저도 돈으로 사려고 하는 악한 생각(행 8:20)이 판을 치고 있으니 이 시대를 과연 어떤 시대라고 표현해야 되겠습니까?

돈을 사랑함이 만악(萬惡)의 뿌리가 되나니 이것을 사모하는 자들이 미혹을 받아 믿음에서 떠나 많은 근심으로써 자기를 찔렀도다(딤전 6:10).

돈을 한자로 錢(전)이라고 쓰는데 이 글자는 쇠붙이를 나타내는 글자에(金) 창을 나타내는 글자(戈= 창 과)가 두 개나 합해서 이루어졌으니(錢= 金+戈+戈) 오죽이나 잘 찌르겠습니까?

한 번 미혹되면(찔리면) 도저히 헤어나지 못하는 것이 바로 '돈'이라는 것을 경고하는 글자입니다. 흔히들 목회자가 경계해야 할 것이 돈과 여성과 명예라고 합니다. 그중에서도 가장 극복하기 어려운 것이 바로 돈이 아닐까 싶습니다.

성경에 보면 여성에게 미혹되었다가 회개한 경우는 있어도(다윗) 돈에 미혹을 받은 사람 중에 회개한 사람은 찾아보기가 어렵습니다. 아간이 그렇고 게하시, 아나니아와 삽비라, 가룟 유다 등 그 누구도 돈의 유혹을 뿌리치지 못한 채 제 곳(지옥)으로 갔습니다. 세상 사람들이 온통 이 '돈'에 찔려서 고통스러워하는 때에 우리 그리스도인들은 가치체계를 철저히 바로잡아 사탄의 미끼에 걸려드는 일이 없어야 할 것입니다.

2. 전문가에게 물어라

耕作問奴(경작문노)

織當問婢(직당문비)

'농사일은 마땅히 머슴에게 묻고, 길쌈하는 일은 여종에게 물어야 한다.' 는 뜻입니다. 다시 말해서 무슨 일에 관하여 물을 때는 전문가를 찾아야 한다는 말입니다. 표준국어대사전이 제시한 '전문가'의 뜻은 이렇습니다.

(어떤 분야를 연구하거나 그 일에 종사하여 그 분야에 상당한 지식과 경험을 가진 사람.)

반면 '일정한 분야에 대하여 전문적 지식이나 기술을 갖추지 못한 사람'을 비전문가라고 하는데, 비전문가가 분수도 모르고 전문가 행세를 하는 사람을 속되게 이르는 말이 '돌팔이'입니다.

그럼 '耕作問奴(경작문노), 織當問婢(직당문비)'라는 말이 왜 생겼을까요?

신분을 중요시하던 시절에 '머슴과 여종'은 참으로 하잘것없는 존재였습니다. 머슴이나 여종에게 무엇을 물어본다는 것은 그야말로 체면을 구기는 일이었습니다.

농사짓는 일이나 길쌈하는 일에 관한 한 아무리 박사 수준의 지식을 갖추었다 해도 머슴이나 여종은 그냥 무식쟁이일 뿐이었습니다. 신분만 내세우고 전문가를 무시하는 세태를 꼬집는 말이 곧 '耕作問奴(경작문노)', 織當問婢(직당문비)인 것입니다.

저는 '耕作問奴(경작문노)', 織當問婢(직당문비)'라는 말을 목회자와 연관해서 곰곰이 생각해 본 적이 있습니다.

아무리 전문적 지식을 갖춘 목회자라고 해도 개척교회나 규모가 작은 교회를 섬기는 목회자의 의견에 대해서는 권위를 인정하지 않으려는 경향이 뚜렷합니다. 반면 규모가 큰 교회의 목회자나 유명세를 탄 학자의 말은 진위여부를 따지지 않고 맹신하는 풍조가 만연합니다.

우리나라 굴지의 주경신학자가 '죽으셨다'는 표현이 예수님의 죽음을 확실하게 나타내는 말이라고 주장하자 한국 교회가 무비판적으로 동조하여 사용하고 있습니다. 또 '성전은 건물이 아니다.'라고 하는 저명한 신학자들의 주장을 비판 없이 수용합니다. 그뿐만도 아닙니다. 국어를 전공하지도 않은 목회자가 우리말 관련 글을 써서 많은 사람들이 현혹된 일도 있습니다(졸저, 『교회에 뿌려진 가라지 용어들』, 나침반, 2016, 참조).

그러나 '예수께서 십자가에서 죽으셨다.'고 하는 표현은 이단성을 띤 말이기 때문에 사용하면 안 됩니다. 우리말에 '죽으사-'라는 어형은 존재하지 않으며 혹 '죽으시다'는 표현이 가능한 경우가 있다면 '아버님은 풀이 죽으셨다'든가 '할아버님은 기가 죽으셨다' 등 죽음과는 상관없는 경우를 가리킬 때만 사용할 수 있습니다.

그러므로 '예수께서 십자가에서 죽으셨다'는 표현은 예수께서는 목숨이 끊어지신 것이 아니라 '기절하셨거나 졸도하셨다'는 뜻이 되고 맙니다. 결국 한국 최고의 신학자가 본의 아니게 이단들이 주장하는 기절설에 힘을 실어 준 꼴이 됐고 한국 교회는 덩달아 그 주장을 수용한 것입니다.

저는 대학에서 국어를 전공한 덕분에 '죽으시다'는 표현이 잘못됐다는 것을 알고 바로잡으려고 무진 애를 썼습니다만 아무도 제 주장에 귀를 기울이는 사람이 없었습니다.

권위를 확보해야겠다고 생각한 저는 박사 과정에 도전하여 '한글개역성경의 국어정서법 오류에 관한 연구'라는 논문으로 박사 학위를 취득했습니다. 한국기독교 130년 역사상 현직 목회자로서는 최초의 국어학 박사가 된 것입니다.

"'죽으시다'의 비문법성에 대하여"라는 논문을 학회지에 발표했고(『國語文學』第54輯, 2013.2.28.) 학위논문에서도 오류를 지적했습니다.

'耕作問奴(경작문노), 織當問婢(직당문비)' ―.

아무쪼록 우리 한국의 교회가 선배들의 충고를 귀담아듣고 잘못된 것은 철저히 고쳤으면 좋겠습니다.

믿음

1. 해양 지도

1800년대 후반, 미국 해군 장교 메슈 폰테인 모리가 몸이 불편하여 집에서 쉴 때였습니다. 큰아들에게 성경을 읽어달라고 부탁했더니 시 8편을 읽어주었습니다.

공중의 새와 바다의 어족과 해로에 다니는 것이니이다.

'바다의 길(海路)'이라는 구절에 충격을 받은 모리는 성경을 그대로 믿고 연구하여 바닷길을 발견했습니다. 그리하여 최초로 해양 지도가 만들어진 것입니다.

2. 세상이 감당치 못하는 사람

제가 해남가곡교회를 섬길 때 상월리 그리스도의교회를 방문한 적이 있습니다. 성전(해남군 성전면)에서 목포 쪽으로 8km 정도 가면 영암군 학산면 상월리 마을이 나오는데 그 마을에 있는 상월리 교회는 순교의 피가 면면히 흐르는 교회입니다.

그 마을로 시집을 간 나옥매 씨는 온갖 박해에도 불구하고 신앙을 지켰습니다. 화가 난 남편이 작두를 벌리고 목을 넣으라고 할 때 나옥매 씨는 서슴없이 작두에 목을 들이밀어 남편이 두 손 두 발 다 들고 말았습니다.

결국 그 남편과 가족이 구원받았고 많은 동네 사람들도 예수님을 구주로 영접하게 되었습니다.

나옥매 씨는 목포 성경학교를 졸업하여 전도사가 됐습니다. 열심히 전도하던 중 6·25를 당하게 되었는데 1952년 9·28 수복 당시 후퇴하던 인민군이 영암으로 집결하여 상월리 교회를 불태우고 온갖 만행을 저지를 때 나옥매 전도사를 비롯한 성도 33명이 장렬하게 순교했습니다.

핍박이 자행될 때 성도들은 굴하지 않고 찬송을 불렀고 총과 칼, 몽둥이 등으로 난자당할 때도 '저들을 불쌍히 여겨주시옵소서!' 하고 그들을 위해 기도했다고 합니다.

진성구 장로는 죽창을 들고 초병을 설 때 하늘의 음성을 듣고 위험에서 벗어났다고 하며 김민수 성도는 죽음 직전 5분 동안 기도했다고 합니다.

그런가 하면 문봉순 성도와 딸 김길순 성도는 서투른 솜씨이지만 성령님의 감동이 충만한 상태에서 찬송하다가 숨졌습니다.

순교의 피가 열매를 맺어 제가 방문했을 때는 80여 호 되는 주민 거의가 교인이었는데 그날은 교회가 공동으로 경작하는 논에 모를 내고 있었습니다.

그야말로 세상이 감당할 수 없는 사람들이었습니다.

"이런 사람들은 세상이 감당치 못하도다."(히 11:38)

부활

1. 이슬람교도가 예수님을 믿게 된 동기

한 이슬람교도가 예수님을 구주로 영접했습니다. 많은 사람이 그 이유
가 궁금하여 물었습니다. 그 사람은 이렇게 대답했습니다.

"내가 죽어가고 있다면 죽은 사람에게 살려달라고 해야 합니까, 아니면
살아있는 사람에게 살려달라고 해야 합니까?"

"그야 당연히 살아있는 사람이죠."

"그렇죠. 역사상 무덤이 없는 사람은 예수님뿐이에요. 그 말은 예수님만
이 죽은 자가 아니고 살아 계시다는 이야기입니다. 그래서 예수님을 믿게
되었습니다."

2. 예포 대신 나팔

영국 수상이었던 윈스턴 처칠의 장례식에는 예포를 쏘는 대신 두 번의
나팔을 불었다고 합니다. 첫 번째 나팔은 취침나팔, 두 번째는 기상나팔이
라고 합니다. 죽음은 잠시 잠드는 것이고 때가 되면 사망의 권세를 깨뜨리
고 부활하신 주님처럼 다시 깨어날 것이라는 처칠의 믿음을 드러낸 장례
행사였습니다.

3. 무신론자가 죽을 때

프랑스의 대철학자 폴 사르트르는 20세기를 대표하는 지성인 중 한 사
람이었습니다. 그러나 사르트르는 실존주의자이며 무신론자였습니다.

노년에 폐수종이라는 질병에 걸려 주치의에게 죽음을 선고받았습니다. 그때 사르트르는 의사에게 욕을 하고 물건을 마구 집어 던졌습니다. 거친 행동은 죽을 때까지 계속되었습니다. 그러다가 비참한 최후를 맞이했습니다.

어떤 기자가 기사를 작성해서 신문에 실었습니다.

"어쩌면 그가 심판의 하나님 만날 생각을 하니 그 사실이 두려워 그토록 공포 속에 떨며 죽음을 거부했던 것인지도 모른다."

4. 기독교는 부활의 종교

'백화점 왕'이라고 불리는 미국의 워너메이커(Jhon Wanamaker, 1838-1922)는 '소비자는 왕이다'는 말을 남겨서 더욱 유명해졌습니다.

워너메이커는 정찰제 판매와 반품 허용을 제도화했는데 당시로서는 그야말로 파격적인 것이었습니다. 그는 미국의 체신부 장관도 지냈고 주일학교도 설립했습니다.

이런 일화가 전해 내려오고 있습니다.

일본 남작 시부자와라는 사람이 워너메이커를 방문했을 때 워너메이커가 경영하는 주일학교에서 연설을 하게 되었습니다. 시부자와는 "기독교나 공자의 교훈은 같으며 근본정신에 있어서 동일하다"는 내용의 연설을 했습니다.

그때 워너메이커는 근본정신에 있어서 같다는 말에 일리가 있는 것은 사실이겠지만 기독교와 다른 종교의 근본적인 차이점은 '부활'에 있음을 강조했습니다. 기독교에서 부활을 빼버린다면 다른 종교와의 변별력은 사라지고 마는 것입니다.

또 이런 이야기도 있습니다.

워너메이커가 중국을 방문했을 때였습니다. 어떤 농부가 소의 목에 멍에를 메워 밭을 가는데 소의 옆에는 웬 청년이 소와 한 짝이 되어 쟁기를 같이 끄는 것이었습니다. 워너메이커가 농부에게 그 이유를 물었습니다.

그런데 농부의 대답이 참으로 감동적이었습니다. 그 청년은 바로 농부의 아들인데 예수님을 잘 믿어서 교회를 위해 열심히 섬기는 사람이었습니다.

농부에게는 소 두 마리가 있었는데 예배당을 건축할 때 한 마리의 소를 팔아 건축비로 헌금하고 팔아버린 소 대신 아들이 멍에를 메고 쟁기를 끈다는 것이었습니다.

이 감동적인 이야기를 들은 워너메이커는 그 청년을 미국으로 데려가 신학교에 입학시켰습니다. 이 사람이 중국 복음화에 크게 헌신한 성문삼 목사라고 합니다.

워너메이커는 우리나라를 위해서도 큰일을 했는데 1907년 거액을 기부해서 우리나라의 기독교청년회(YMCA) 회관을 지을 수가 있었던 것입니다.

성경

1. 신령한 젖을 사모하라

자식에게 젖 물리기를 기피하는, 그야말로 모성애를 잃어버린 어머니 아닌 어머니가 활개를 치던 때가 있었습니다.

미용을 훼손한다는 이유로 가슴을 단단히 싸매고 대신 고무젖꼭지를 자식에게 물렸습니다. 모유는

① 가장 많은 영양분을 함유하고 있으며
② 가장 적당한 온도를 유지함은 물론
③ 가장 위생적이라고 합니다.

어머니의 젖꼭지가 둘인바 하나는 육체의 영양을, 다른 하나는 정신의 영양을 공급하기 위한 것이라고 이광수 선생이 말한 적이 있습니다. 그러기에 어머니의 젖을 잘 먹고 자란 아이는 몸도 튼튼, 마음도 튼튼한 사람이 되는 것입니다.

성경에 '신령한 젖을 사모하라'(벧전 2:2)고 했습니다. 이는 성도에게만 권할 말씀이 아니라 목회자들이 더욱 새겨들어야 할 말씀이라고 생각합니다.

소젖(우유)을 먹고 자란 아이가 송아지를 닮아 아무나 들이받는 것처럼 목회자가 성도들에게 신령한 젖을 먹이지 못하면 목사를 들이받습니다.

모름지기 목회자는 성경을 많이 읽고 깊이 연구하여 신령한 젖(=살진 꿀)을 공급해야 할 것입니다.

2. 성경을 읽고 변화된 아내

이향옥 씨는 여고를 졸업하고 혼인을 했습니다. 남편은 아주 유능한 사람이어서 30살도 되기 전에 큰 회사의 이사가 되었습니다. 당시에는 흔치 않게 자가용으로 출퇴근했고 가구도 수백만 원짜리만 들여놓았습니다.

그러던 어느 날이었습니다. 느닷없이 회사를 집어치운 남편은 신학교에 입학하여 목사 지망생이 되었습니다. 부인과는 의논 한마디 없이 저지른 일이어서 이향옥 씨는 서운함을 넘어 배신감마저 느꼈습니다.

생활은 말할 수 없이 쪼들리기 시작했습니다. 불만은 쌓일 대로 쌓였고 좌절감에 어찌해야 할지 알 수가 없었습니다. 그렇게 얼마의 세월을 보내던 이향옥 씨는 어쩔 수 없는 일이라 생각하고 남편을 이해하기 위해 성경을 읽기 시작했습니다. 처음에는 성경이 읽히지 않았습니다. 용어 자체가 이해하기도 어려웠거니와 황당무계한 이야기들로 가득 차 있어서 읽기를 그만두려고 생각한 적이 한두 번이 아니었습니다.

그래도 꾸준히 성경을 읽어나갔습니다. 1독을 하고 2독을 하고 3독을 했습니다. 이향옥 씨는 성령님의 감동하심에 몸을 떨었습니다. 상상도 할 수 없는 변화가 이향옥 씨를 찾아온 것입니다. 기쁨에 넘쳐, 감격에 겨워 흐르는 눈물을 걷잡을 수가 없었습니다.

그제야 남편이 이해될 뿐 아니라 남편이 더없이 고귀하고 자랑스럽게 여겨졌다고 합니다.

3. 성경 100독 ― 그 설명할 수 없는 은혜

오늘날 목회자들이 성경 연구도 열심히 하고 세미나도 열심히 참석하고 교회 부흥에 관한 책도 열심히 읽는 등 나름대로 최선을 다하고 있습니다만 가장 중요한 성경 읽기에는 관심이 적은 것 같습니다.

성경을 매일 꾸준히 읽는 것과 성경을 연구하는 일은 별개라고 생각합니다. 흔히들 성경 말씀을 영혼의 양식이라고 합니다. 음식은 성분 분석보다는 먹어서 섭취하는 일이 우선일진대 성경도 '연구'보다는 '읽는 일'이 우선돼야 할 것입니다.

목회자로서 성경 100독을 기본으로 하고, 나아가서 그 이상의 성과를 달성한다면 얼마나 좋겠습니까.

하나님께서 인류에게 주신 선물 중 가장 귀하다는 성경과 인류가 쌓은 최고의 업적 중 하나라는 한글의 만남—. 거기서 탄생한 한글 성경—.

말씀드리기가 참으로 조심스럽습니다만 너그러운 마음으로 이해하시고 들어주셨으면 감사하겠습니다.

성경을 읽는 중 체험한 바가 있습니다. 성경 100독을 할 때까지는 남의 허물이 더 크게 보였습니다. 150독쯤 하니까 저 자신의 허물이 더 크게 보이기 시작했습니다. 200독을 넘기고 보니까 주님의 뜻이 아주 희미하게 보이는 것 같았습니다.

성경을 읽으면서 흘린 눈물의 양도 제법 많으리라고 생각됩니다. 솟구쳐 오르는 감격에 몸을 떤 경험도 헤아릴 수 없습니다.

이 설명할 수 없는 은혜를 동역 여러분과 함께 나누고 싶은 간곡한 마음에서 감히 말씀드렸습니다. 아무쪼록 오해 없으시기를 바라며, 목회자가 먼저 성경을 열심히 읽어서 영혼의 고갈을 느끼는 일이 없도록 해야 하리라고 봅니다.

4. 말씀의 젖

지금은 하늘나라에 계신 선배 목사님께 들은 이야기입니다.

우리나라 초대교회 때, 어떤 영수님이 새우젓을 팔러 다니다가 그날이 수요일이라는 것을 생각하고 부랴부랴 집으로 돌아왔답니다. 전도사님이 서울로 공부하러 갔기 때문에 수요예배는 영수님이 인도했습니다.

무슨 말씀을 전할까 고심하며 성경을 뒤적이던 영수님의 눈에 벧전 2:2의 말씀이 들어왔습니다.

순전하고 신령한 젖을 사모하라

옳거니! 젓이라면 새우젓 장사인 나보다 더 잘 알 사람이 누구랴! 영수님은 새우젓 얘기로 멋진(?) 설교를 하셨답니다.

예를 조금 들자면 '새우젓 중 5월에 잡히는 것을 오젓이라고 하며 6월에 잡히는 젓이 육젓, 그리고 7월에 잡히는 것을 추젓이라고 하는데 그중에서 육젓이 가장 맛이 있다'는 등……

'새우젓'과 '말씀의 젖'이 어떻게 조화를 이루었는지 모르겠습니다. 영수님의 설교는 생뚱맞기 짝이 없는 것이었지만 그래도 교인들은 많은 은혜를 받았다고 하니 글쎄요. 오늘날의 목회자들이 어떻게 받아들여야 할지 모르겠습니다.

5. 육신도 살리는 성경책

김창현 목사님은 젊은 시절 유격대 대장을 하신 분입니다. 저보다도 20년이나 연장이시지만 늦게 목회자가 된 탓으로 목사 임직년도에 있어서는 저보다도 1년이 늦으십니다.

어느 날 인민군과 치열한 전투를 벌이고 부대로 돌아온 목사님이 무심코 상의를 벗다가 깜짝 놀랐답니다. 총알이 웃옷 윗주머니에 들어 있던 작은 성경책에 박혀 있었던 것입니다. 성경책이 아니었다면 목사님의 심장에는 총알이 박혀 목숨을 잃었을 것입니다.

그 성경책은 '무명용사를 살린 성경'이라는 설명이 붙은 채 어느 박물관에 보관이 되어 있다고 하는데 목사님 자신도 어느 박물관에 있는지 모른답니다.

목사님 역시 노환으로 몇 년 전에 돌아가셨는데 만날 때마다 이런 이야기를 종종 하셨습니다.

어느 날 젊은이 한 사람이 목사님이 시무하는 교회를 찾아왔답니다(경주시 내남면 박달교회).

이 젊은이는 70년대 다방 여종업원 인질사건으로 세상을 떠들썩하게 했다가 교도소에서 출소한 바로 그 청년이었습니다. 청년이 자랑 반 공갈 반으로 자신의 이야기를 늘어놓더랍니다. 이야기를 다 듣고 난 목사님 왈,

"너 참 재수 좋은 놈이다. 내가 목사만 아니었다면 넌 내 손에 죽었어."

공연히 시골교회 목사 앞에서 폼 한 번 잡아보려던 청년은 목사님께 사로잡혀 울며 겨자 먹기로 교회 출석을 하게 되었답니다.

목사님에게는 멋진 로맨스도 있습니다.

대구에선가? 아무튼 인민군에게 밀려 부산으로 피란을 가는데 어떤 아가씨가 차를 타지 못해 울부짖고 있었답니다.

피란민이 너무 많아 차에는 손님으로 꽉 차 있었고, 더구나 차를 못 타면 생명이 위험할 수도 있기 때문에 사람들은 필사적으로 차에 올랐던 것입니다.

이 광경을 목격한 목사님(당시에는 유격대 대장)은 운전수에게 총부리를 겨누고 무조건 아가씨를 태우라고 명령했답니다.

이 아가씨가 나중에 목사님께 청혼을 해서 사모님이 되었는데 사모님은 목사님을 생명의 은인으로 알아 극진히 섬기셨습니다. 사모님은 우리나라 무대의상의 권위자이신데 서울 올림픽 때 고전 의상 총책임자로 활동하셨습니다.

6. 목회와 성경

이 글은 제가 '바른목회'라고 하는 유인물을 발간할 때 실었던 것인데 여기 옮겨 봅니다.

1) 꿩 잡는 게 매?

거의 40년 전의 일입니다. 제가 전도사 시절에 장년 성도 80여 명 되는 교회를 맡아달라는 부탁을 받은 적이 있습니다. 그때 저는 신학교를 갓 졸업한 신출내기 전도사였기 때문에 단독으로 교역할 능력이 없음을 생각하고 거절했습니다. 그러자 선배 전도사 한 분이 제게 이런 말을 했습니다.

"변 전도사, 꿩 잡는 게 매야. 교회를 맡아."

그 말을 들은 저는 매우 불쾌한 생각이 들었습니다. '꿩'을 잡는 게 '매'일지는 몰라도 하나님의 교회를 그런 정신으로 섬긴다는 건 일종의 죄라는 생각이 들었기 때문이었습니다.

'방법은 어떻든지 목적만 이루면 된다'는 생각이 '꿩 잡는 게 매'라는 말의 뜻풀이입니다만 '과연 그런가?' 하는 심각한 고민이 있어야 할 줄 압니다.

저는 그 교회에서 신학생 때부터 교육전도사로 섬겼기 때문에 제직들 대부분이 저를 신임하고 담임 교역자로 모시겠다고 했습니다만 저는 어쩐지 그것이 더 두려웠습니다.

한 교회를 책임지려면 성도들보다 영적으로나 인격적으로 우위에 있어야 할 터인데 그 점에서도 저는 자신이 없었던 것입니다. 그 교회에는 신앙적으로 훌륭한 일꾼들이 많았기 때문에 더욱 부담스러웠습니다.

'꿩 잡는 게 매' — 꿩은 매가 잡을지 몰라도 '사람을 낚는 어부'의 사명은 아무나 감당할 수 있는 일이 아니라고 저는 생각합니다.

2) 사람을 낚는 어부의 자격 — 성경에 흠씬 젖은 사람

한 번 냉정하게 생각해 보았으면 합니다.

목회자의 자격요건으로 과연 무엇을 첫째로 꼽아야 할 것인가?

여러 사람의 여러 가지 의견이 있을 수 있겠습니다만 저는 이렇게 생각합니다.

"성경에 흠씬 젖은 사람"

성경에 흠씬 젖은 사람이야말로 목회자의 첫째 요건이라고 생각합니다.

"성경에 흠씬 젖는다."고 하는 것은 목회자의 사고방식이 성경에 의해 형성되어 있어서 무슨 생각을 하거나 행동을 할 때 먼저 성경의 잣대에 의해 판단하는 것을 뜻한다고 하겠습니다.

우리는 흔히 '성경 중심', '말씀 중심'을 내세우지만 그것은 구호뿐이고 결국은 자기가 중심이 되어 생각하고 판단하기가 일쑤인 것을 부인하지 못합니다.

그러나 성경에 흠씬 젖게 되면 생각이나 행동에 '나'가 중심이 되는 일은 결코 없을 것입니다. 오히려 '나'는 간데없이 사라지고 오직 '말씀'만이 살아계시어 '말씀'께서 가라고 하시는 곳까지 가고 '말씀'께서 서라고 하시는 곳에서 서게 될 것입니다.

'사람을 낚는 어부'는 무엇보다도 '성경에 흠씬 젖은 사람'이어야만 된다고 생각합니다.

3) 국어와 목회의 뿌리

성경에 흠씬 젖으려면 어떻게 해야 되는가 하는 문제는 잠시 뒤에 살펴보기로 하고 '국어'와 '성경', 그리고 '목회'는 어떤 연관이 있는가 하는 문제부터 살펴보는 게 좋겠습니다.

언젠가 『뿌리』라는 소설이 전 세계의 이목을 집중시킨 가운데 '뿌리 찾기 운동'이 열화같이 일어났던 사실을 우리는 아직도 생생히 기억하고 있습니다.

그 소설은 앨릭스 헤일리라는 흑인 작가가 쓴 것인데, 자기 조상이 아프리카에서 잡혀 온 노예로서 원래 고향이 아프리카 서해안에 있는 '감비아'라는 것, 또한 조상의 부족은 '만딩가 족'이라는 것을 밝힌 작품이었습니다.

그런데 미국으로 잡혀 온 지 200년, 7대에 걸친 옛날 일을 어떻게 파헤칠 수 있었을까 생각하면 국어의 위력을 실감하고도 남게 해줍니다.

'킨테', '캄비 볼롱고', '코' — 이 세 단어가 200년, 까마득한 역사를 파헤치는 열쇠가 되었다고 합니다. '킨테'는 만딩가 부족의 성씨를 가리키는 말이고 '캄비 볼롱고'는 강 이름이며, '코'는 아프리카 악기 기타의 이름이라고 하니 그야말로 '말(언어)'이란 역사의 신비를 그대로 간직한 보물임을 새삼 깨닫게 됩니다.

10월은 개천절(3일)이 들어 있고 한글날이 있으며(9일), 교회사적으로는 종교개혁일(31일)이 들어 있는 달입니다.

개천절이나 한글날이나 종교개혁일이나 공통분모는 '언어' 즉 '국어'라는 사실을 깨닫게 됩니다. 제나라 말을 가지지 못한 민족이 아무리 나라를 세웠다 한들(개천절) 그것이 어찌 제대로 된 건국이겠으며, 종교개혁이 아무리 귀한 일이었다 해도 성경이 독일어로 번역되지 않았다면 어찌 가능했겠습니까.

그런데도 우리는 우리말에 대해서 너무 모르고 있을 뿐만 아니라 알려고도 하지 않으니 '목회의 뿌리'를 과연 어디서 찾아야 하겠는지요? 더구나 한글로 번역된 성경이 내 손에 쥐어져 있는데도 목회자나 목회자 후보생들이 성경 읽기를 즐겨하지 않는다고 하니 이는 크게 반성할 일이라고 생각합니다.

'목회의 뿌리'는 헬라어나 히브리어, 혹은 외국어에 있지 않고 오직 '국어'에 있다는 것을 깊이 인식했으면 좋겠습니다. 찬송, 기도, 설교, 심방 등 목회는 전적으로 국어에 의해 이루어지기 때문입니다.

4) 성경은 영혼의 양식

흔히들 기도는 영혼의 호흡이고 성경은 영혼의 양식이라고 합니다. 이는 일반 성도들보다 교역자들이 더 강조하는 말입니다.

양식 즉 음식은 매일 먹어야만 생명이 유지되는 것입니다. 보통 하루에 세 끼를 착실히 챙겨 먹을 뿐 아니라 규칙적으로 먹어야만 정상적인 체력을 유지할 수 있다는 사실은 누구나 다 알고 있는 상식입니다.

음식을 매일 규칙적으로 먹는 문제와 음식물에 대한 지식과는 별개의 문제라는 것도 우리는 잘 알고 있습니다. 유명세를 치르고 있는 어떤 목사님의 말을 들은 적이 있습니다. 그는 설교 준비할 시간이 없어서 이리저리 이동하는 차 시간을 이용해 남의 설교집을 이것저것 읽음으로 설교 준비를 한다고 했습니다.

그것도 설교 준비하는 일이 되겠고 그렇게 해서 이루어지는 설교도 설교라고 말할 수는 있겠지만 과연 그것이 참된 설교인가 하는 물음에 대해서는 꼭 그렇다고 할 수만은 없을 것입니다.

5) 다독과 정독의 문제

성경을 읽을 때 다독과 정독을 구분 짓는 이들이 있는데 '영혼의 양식'이라는 차원에서 생각할 때 그것은 아무런 의미가 없다고 봅니다.

모든 독서가 다 그렇듯 성경을 읽을 때도 계속 읽다 보면 자연 읽는 속도가 빨라질 것이고 그렇게 하기를 계속하다 보면 자연스럽게 다독하게 될 것입니다. 제대로 이해만 할 수 있다면 아무리 속독으로 빨리 읽어도, 또 아무리 많은 분량을 읽는다 해도 문제가 될 것은 없다고 봅니다.

문제는 이해의 능력과는 상관없이 무조건 빨리 읽어서 3~4일에 신구약 성경을 독파하는 등의 무리한 일을 자행하는 것입니다.

제 경험으로 보아 새벽예배 마치고 개인기도 한 후 1시간 30분 정도 성경을 계속 읽는다면 부득이하여 읽지 못하는 경우를 고려하더라도 1년에 10독은 무난하리라고 봅니다.

이렇게 해서 성경 100독 이상을 하게 되면 배워서 아는 지식 그 이상의 새로운 세계가 열리는 것을 체험하게 될 것입니다. 새벽예배 마치고 자는 습관만 버린다면 누구에게나 가능한 일인 것입니다.

6) 천국의 노다지

6·25 전쟁 이후 유엔군이 우리나라에 주둔한 지 얼마 되지 않았을 때의 일입니다. 어느 시골집 앞을 지나던 한 유엔군 병사가 한국 돈 몇 푼을 꺼내 집 주인에게 주며 벽에 바른 푸르죽죽한 종이들을 달라고 하는 것이었습니다.

주인은 우연히 길바닥에 떨어진 종이 뭉치를 주워다가 담배도 말아 피우고 문구멍도 때우고 벽에도 바르고 했던 것이므로 그렇게 하라고 했습니다. 그러나 누가 알았겠습니까, 그 푸르죽죽한 종이가 바로 달라 뭉치였을 줄이야!

이것은 저의 고향 파주에서 실제로 있었던 일인바, 널리 알려진 이야기입니다. 보배를 보배로 알아보지 못하는 눈은 더 이상 눈이 아님을 실감케 해주는 이야기입니다.

'노다지'란 'no touch', 즉 '손대지 마라!' 하는 경고에서 비롯된 말입니다. 외국 사람들이 우리나라에 와서 광산 경영권을 얻은 후 캐어놓은 금을 지키며 'no touch!' 하는 소리를 들은 사람들이 'no touch'가 곧 금을 가리키는 말인 줄 알고 '노타치! 노타치!' 했는데 그것이 소리의 변화를 거쳐 '노다지'가 된 것입니다. 그래서 아주 귀한 물건이나 이권이 쏟아지는 것

등을 가리키는 말로 자리를 잡게 되었습니다.

귀하기로 말하자면 '구원, 말씀, 천국' 등 예수님과 관계된 것보다 더 귀한 게 어디 있겠습니까. 그중에서도 하나님의 말씀인 『성경』이 내 손에 있어서 언제든지 읽을 수 있다는 사실에 대해 우리는 얼마나 감사해야 될지 모르는 것입니다.

천국의 노다지가 가득 들어 있는 금광!

표현이 좀 속되기는 합니다만 그 귀한 노다지를 잠자는 시간과 바꿔버리거나, 별로 요긴하지도 못한 일을 하는데 빼앗겨 버린다면 그 얼마나 어리석은 일이며 또 안타까운 일이겠습니까.

물론 성경을 많이 읽는 것으로 다 되는 것은 아니겠습니다. 기도하는 일과 연구하는 일들이 모두 중요한 일에는 틀림이 없는데 문제는 우선순위에 있어 성경을 많이 읽는 일을 가장 앞세워야 하지 않겠나 하는 생각입니다.

영혼의 양식인 성경─. 그 성경을 가능한 한 많이 읽기 위해 노력하는 것은 매우 중요한 일이라고 생각합니다.

7) 촌지로 산 성경

전도사 시절, 어느 집사님이 책이나 사보라며 봉투 하나를 주셨습니다. 전도사로 부임하여 처음으로 개인이 주는 도서비를 받아 든 저는 무슨 책을 살까 생각하다가 성경책을 새로 샀습니다. 그리고는 집사님을 생각하여 더 열심히 읽었습니다.

그렇지 않아도 '목회를 제대로 하려면 성경을 100번 이상 읽고 영어에 능통하라'는 권고를 받고 실천에 옮기던 차였는데 집사님의 도서비는 성경에 대한 열심에 불을 붙여주는 동기가 되었던 것입니다.

새벽예배 마치고 개인기도 후에 하루 평균 1시간 30분 정도의 시간을 내어 열심히 읽었습니다. 처음에는 졸음이 오고, 온몸이 비틀어지고, 괜히 마음이 바빠지고 해서 성경을 덮어버리고 싶은 유혹이 컸습니다만 그것을 극복하고 3개월 이상 계속 읽었더니 이제는 하루에 성경 50쪽 이상을 읽지 않으면 아무것도 손에 잡히지 않게 되었습니다.

신학교를 졸업할 때쯤 해서는 신약 100번, 구약 30번 정도를 읽을 수 있었고 계속 읽어서 2000년 7월에 신구약 200독을 달성했습니다.

새벽 시간만 잘 활용하여 읽어도 15~20년 안에 성경 200독이 어렵지 않다는 것을 알게 되었습니다. 앞으로는 조금 여유를 가지고 읽어도 목회 현장을 떠날 쯤에는 300독 돌파가 가능하리라고 봅니다.

성경을 여러 번 읽고 느낀 바가 있습니다. 성경 좀 여러 번 읽었다고 자랑이 하고 싶어 드리는 말씀이 아님을 이해해 주시기 바랍니다.

성경을 여러 번 읽고 나니까 저 자신이 분명하게 보이기 시작했습니다. 그리고 성경을 통해서 저 자신을 다시 들여다볼 때 저 자신이 얼마나 유치한지 부끄러워 낯을 들 수가 없었습니다.

성경을 읽을 때마다 깨달음의 눈이 새롭게 열렸고 깨달음의 폭도 현저하게 넓어졌습니다.

100독쯤 하고 보니 우쭐한 마음이 생기고 다른 사람의 결점이 보였습니다. 200독쯤 하고 나니까 반대로 저 자신의 결점이 보이고 동역자들이 위대하게 보이기 시작했습니다. 250독쯤 하고 나니까, (다시 한번 용서하시고 오해 없으시기 바랍니다.) 성경을 250독쯤 하고 났을 때 주님의 뜻이 아주 조금 보이는 듯했습니다.

현대 목회자들의 맹점은 성경을 여러 차례 읽지도 않은 채 특수 목적을 가지고 성경을 연구하다 보니 아전인수 격으로 해석하게 되고, 아무리 짜맞추려고 해도 자기 목적대로 해석되지 않는 성경은 아예 무시해 버리는 경향이 있습니다. 또한 성경 전체를 보지 않고 몇 구절만 가지고 해석하다 보니 엉뚱한 소리가 나오기도 합니다.

8) 제2의 종교개혁과 성경 읽기

이구동성으로 종교개혁이 다시 일어나야 한다고들 합니다. 루터가 종교개혁을 일으켰을 때처럼 오늘의 교회가 중세교회 이상으로 부패했다는 탄식의 목소리인 줄 압니다.

이러한 목소리가 높아진 것은 어제오늘의 일이 아닌데 아직도 제2의 종교개혁은 일어날 기미조차 보이지 않습니다. 일부 젊은 계층에서 개혁의 목소리를 높이며 나름대로 계획을 펼쳐 보기도 하지만 역부족, 몇 마디 외치다 그만 수그러들고 말았습니다.

그러면 제2의 종교개혁은 기대할 수 없는 것일까요? 이 문제에 대해서 저는 이렇게 생각합니다.

우선 오늘날의 교회가 새로워지지 않은 채 지난날의 전철을 되밟고 있는 것은 그 원인이 성경을 읽지 않기 때문이라고 봅니다. 종교개혁자들이 성경을 자국어로 번역하여 누구든지 성경을 읽고 진리를 깨달음으로 종교개혁을 이루어 낼 수 있었다면 오늘의 교회 역시 성경을 정성껏 많이 읽음으로 성령님의 인도하심을 따르는 삶을 사는 것이야말로 제2의 종교개혁을 이루는 첫걸음이라고 생각합니다.

오늘날에는 성경 공부 모임도 많이 있고 무슨무슨 세미나 해서 제법 열의를 가지고 참여하는 이들도 많이 있지만, 그러나 그것은 목회자 개인을 변화시키는 데 목적이 있기보다는 오직 교회 부흥이라는 전제 아래 이루어진 모임이다 보니 '꿩 잡는 매'들만 양산된다 생각합니다.

또한 소위 교회를 부흥시켰다는 이들이 그런 모임을 주도하다 보니 모임에 참여하는 이들은 성경이나 예수님보다는 인간의 방법에 더 관심을 쏟게 되는 한계를 극복하지 못하는 것입니다.

이와 같은 일은 정말 사탄이 교회를 망가뜨리는 전략으로 악용할 가능성 때문에 참으로 위험한 일이라는 생각을 금할 수 없습니다. 이런 문제는 저뿐만 아니라 많은 분들이 이미 그 위험성을 지적했는데 대표적인 의견을 제시한다면 다음과 같습니다.

'······가장 커다란 교회 중에 가장 많은 새 신자들을 끌어들여 가장 유명한 설교자에게 가장 많은 영광을 가져다주는 일에 경쟁이나 하도록 만드십시오. 교인들을 타락시키기 위해서 당신은 먼저 인간들을 찬미하고 인간에게 영광 돌리는 일부터 시작하십시오. 모든 사람들의 눈을 원수인 예수에게서 떼어놓아 오히려 성회에 참석하는 강사들만 바라보도록 만드십시오······'(대천덕 신부의 산골짜기에서 온 편지 중에서).

오늘날 우리 목회자들이 교회를 망가뜨리려는 사탄의 전략에 너무도 쉽게 넘어가 버리고 마는데, 이는 교회 부흥에 대한 지나친 열심 때문에 사탄의 전략을 미처 간파하지 못한 데 그 원인이 있다고 봅니다.

마음이 너무 급하다 보니 먼 앞을 내다볼 수 있는 안목이 열리지 않고, 그러다 보니 장기적인 계획을 세우지 못한 채 성공의 무지개만 잡으려고 발버둥을 칩니다.

그러나 '목회자의 사전에 성공이란 있을 수 없다.'는 신념을 가지고 하루하루 최선을 다해야 할 것입니다.

그러기 위해서는 무엇보다도 성경을 정성껏 많이 읽으므로 목회자 자신이 성경에 흠씬 젖지 않으면 안 될 것입니다. 그렇게 하지 않고서는 결코 목마른 성도들에게 생수를 공급할 수 없기 때문입니다.

9) 성경 해석의 문제

이단이 왜 발생하는가? 그것은 성경 해석상의 차이 때문인 줄 압니다.

나름대로 성경을 깊이 연구하고 많이 읽은 사람들 중에서 이단이 발생하는 것을 보면 성경을 해석하는 일이 얼마나 어렵고 또 위험한 일이라는 것을 깨닫게 됩니다.

목회 경력이 많지 못한 분들은 독자적으로 성경을 해석하기보다는 건전한 주석을 참고하여 많이 연구하고 또 성경을 많이 읽어서 성령님의 밝은 조명이 뒷받침 된 상태에서 독자적인 해석을 내려야만 가장 안전하리라고 생각합니다.

성경을 바로 해석하기 위해서는 무엇보다도 성경 원어를 이해할 수 있어야 하겠고 성경이 기록된 당시 지역의 문화와 풍습을 이해할 수 있어야 하겠고, 그 언어가 품고 있는 내포와 외연의 의미를 정확하게 파악할 능력이 있어야 하겠고, 그 언어를 우리말로 정확하게 표현할 만한 국어 실력을 갖추려고 힘써야만 할 것입니다.

설교자들은 언제나 설교를 '잘하려고' 애쓰기보다는 설교를 '바르게' 하려고 끊임없이 노력해야 할 것입니다.

10) 목회를 제대로 하려면

'목회를 제대로 하려면 성경 100번 이상을 읽고 영어(외국어)에 능통하라'는 선배의 권고를 실행에 옮기고자 나름대로 힘을 써보았습니다만 영어(외국어)는 나름대로 해본다고 했지만 별로 신통한 진전을 보지 못했습니다.

그러나 성경은 100독을 넘어 300독에 육박했습니다. 200독을 넘어서면서부터 주님의 뜻이 아주 조금씩 보이기 시작했다고 앞부분에서 말씀드렸습니다만 다시 한번 부탁드리거니와 오해가 없으시기를 바랍니다.

주님의 뜻이 아주 조금씩 보이기 시작했다는 표현은 예를 들자면 공자가 70세에 깨달았다는 不踰矩(불유구)의 경지와 비교할 수 있는 것이라고 말할 수 있겠습니다.

吾十有五而志于學, 三十而立, 四十而不惑, 五十而知天命, 六十而耳順, 七十而從心所慾不踰矩(오십유오이지우학, 삼십이립, 사십이불혹, 오십이지천명, 육십이이순, 칠십이종심소욕불유구)

(나는 나이 열다섯 살에 배움에 뜻을 두어, 서른에 스스로 섰으며, 마흔 살에는 미혹되지 않았고, 쉰 살에는 천명(天命)을 알게 되었으며, 예순 살에는 이해를 바르게 했고, 일흔 살에 이르러서는 내 마음이 원하는 대로 행해도 법도에 어긋나는 일이 없었다.)

공자는 70세에 이르러 확실한 不踰矩(불유구)의 경지에 들어갔다고 했지만 저는 성경 200독 후에 겨우 주님의 뜻을 아주 조금 깨닫기 시작했으니 비교가 될 수는 없겠습니다.

다만 교인수가 많은 교회를 섬기고 싶다거나, 화려하고 웅장한 교회 건물을 가지고 싶다거나, 소위 성공했다는 동역자들이 부럽다거나, 남의 존경을 받고 싶다거나, 세상에 이름을 날리고 싶다는 등의 세속적인 욕망은 점차 줄어드는 반면 주님의 영광이 드러났는가, 혹시 주님의 영광을 훼손하지는 않았는가 하는 문제에 더 큰 관심을 가지게 되었다는 사실입니다.

이것은 저 스스로 그렇게 해야겠다는 생각에서가 아니라 자연스럽게 그렇게 된 것이어서 참으로 감사하기 이를 데 없는 것입니다.

7. 예수는 그리스도

기독교인이 가슴에 새기고 또 새겨야 할 말씀이 있습니다. 그것은 다름 아닌 '예수님은 그리스도시다'라는 것입니다. 세상에서 가장 큰 거짓말을 꼽으라고 하면 '하나님이 안 계시다'고 하는 것과(시 14:1) '예수께서 그리스도임'을 부인하는 일(요일 2:22~23)이라고 생각합니다.

* 시 14:1 어리석은 자는 그 마음에 이르기를 하나님이 없다 하도다
* 요일 2:22 거짓말하는 자가 누구냐 예수께서 그리스도이심을 부인하는 자가 아니냐 아버지와 아드님을 부인하는 자가 적그리스도니

1) '예수는 그리스도' : 이 말은 기독교의 핵심이 되는 용어입니다. '예

수'의 뜻은 '자기 백성을 죄에서 구원할 사람(마 1:21)'인데 구세주의
인성을 대표하는 이름입니다. '그리스도'는 히브리어 '메시야'를 헬라
어로 번역한 말인데(요 1:41) 그 뜻은 '기름 부음 받은 사람'입니다. 이
이름은 구세주의 신성을 대표하는 명칭입니다.

2) '예수'는 '구세주'의 의미 : '그리스도'는 '심판주'의 의미가 강조된 표
현입니다. 특히 '메시야 사상'은 '재림'의 성격을 강하게 담고 있습니
다.

3) 예수께서 그리스도이심을 믿는 사람이 거듭난 사람입니다(요일 5:1).

4) 예수님 당시 '예수'를 '그리스도'라고 하면 출교를 당했습니다(요
9:22). 그러함에도 불구하고 초대교회는 "예수는 그리스도"라고 힘써
외쳤습니다(행 5:42, 9:22, 17:3, 18:5, 28).

5) "예수 그리스도"와 "그리스도 예수"는 어떻게 다른가?
"예수 그리스도"는 구세주의 '인성'이 강조된 표현이며 신약성경에
140회 정도 사용됐습니다. "그리스도 예수"는 구세주의 신성이 강조
된 표현이며 신약성경에 85회 정도 사용됐습니다. 따라서 우리 구세
주의 인성을 강조할 때는 '예수 그리스도'로 표현하고 신성을 강조할
때는 '그리스도 예수'로 표현합니다.

6) "예수 그리스도"는 우리의 온전한 구세주이십니다(행 16:31). 따라서
우리가 기도할 때 단순히 "예수님의 이름으로 기도합니다."라고 하
는 것보다는 "예수 그리스도의 이름으로 기도합니다."라고 하는 것
이 더 성경적이라고 생각합니다.

8. 왜 예수 그리스도의 피인가?(엡 1:7)

인류 구원의 역사가 오직 예수 그리스도 안에서 이루어집니다. 예수 그
리스도 안에서 예수 그리스도의 피로만 구원을 받기 때문입니다.

1) 세상에서 가장 귀한 게 무엇일까요? 생명입니다. 한 생명이 천하보
   다 귀합니다.

2) 생명이 어디 있을까요? 피에 있습니다(레 17:11, 14).

3) 생명을 통째로 빼앗는 게 무엇일까요? 죄입니다. 죄로 말미암아 죽
   음이 왔습니다(롬 5:12)

4) 사람이 죽으면 그것으로 끝나나요? 아닙니다. 심판이 있습니다(롬
   14:10, 히 9:27)

5) 심판을 받지 않을 수는 없을까요? 있습니다. 죗값을 치르면 됩니다.

6) 죗값을 무엇으로 치르나요? 피로 치를 수 있습니다(레 17:11, 히9:22).
   단 죄도 없고 흠도, 티도, 점도 없는 깨끗한 피라야 합니다.

7) 누가 이런 피를 가지고 있습니까? 오직 예수 그리스도뿐입니다(벧전
   1:18-19).

8) 그러므로 죄인이 사는 길은 예수 그리스도 보혈의 공로를 믿고 우리
   주님 앞으로 나오는 길밖에 없습니다(요 3:16, 행 4:12, 16:31.)

9) 우리는 이 믿음을 가지고 주님 앞에 나왔습니다. 나와서 성찬에 참
   여하며 주님의 은혜에 감사하며 주님을 섬깁니다.

속임수

1. 이단

뛰어난 검술과 날쌘 몸놀림으로 탐관오리의 집을 습격하여 약탈한 재물을 가난한 사람들에게 나눠주는 사람이 있었습니다. 사람들은 그를 의적이라고 했습니다.

사람들은 그를 비호하여 숨겨주기도 하며 감싸주었기에 오랫동안 잡히지 않고 탐관오리의 간담을 서늘하게 했습니다.

그러나 알고 보면 그 도적이 백성들에게 나눠준 것은 탈취한 것의 극히 일부에 지나지 않는 것이었습니다. 그 도적은 백성들의 환심도 사고 제 잇속을 크게 챙겼던 것입니다.

사탄이 성도를 속이는 것도 마찬가지 수법이라고 생각합니다. 처음에는 약간의 유익을 주는 척하여 성도를 미혹한 후 미끼에 걸려들면 제 놈의 노예로 삼아버리고 맙니다.

적은 미끼로 엄청난 이익을 챙기는 놈, 그놈이 바로 사탄인 것입니다. 그래서 사탄은 오늘날 '실용주의'라는 미끼를 던져서 아주 쉽게 많은 것을 낚아채고 있습니다.

종교와 도덕성을 포기한 존 듀이는 자기와 타인과의 관계, 자기와 피조물과의 관계에서 유용하다고 생각되는 것은 무엇이든지 다 옳다고 주장했습니다.

옳고 그름에 대한 이러한 견해를 '실용주의'라고 하는데 그러나 사실은 그 반대가 옳습니다.

즉 '실용적이기 때문에 유익한 것'이 아니라 '유익하기 때문에 실용적'이라는 사실입니다. 오늘날 우리 목회자 중에도 이 실용주의의 미끼에 걸려 헤어나지 못하는 이들이 많은 것 같습니다.

'부흥'에 노이로제 상태가 돼버린 일부 목회자 중에는 교회에 활력소가 된다 싶으면 거기에 어떤 함정이 숨겨져 있는지 살펴보지도 않은 채 미끼를 덥석 물어버리는 경우가 적지 않습니다.

'꿩 잡는 게 매'라고, 수단 방법 가리지 않고 교회만 부흥하면 그만이라는 생각으로 이단들이 즐겨하는 일들도 서슴없이 목회 현장으로 끌어들이고 있습니다.

이단의 의미를 한 번 생각해 봅니다.

이단이란 글자 그대로 이단(異端)—, 즉 '끝이 다른 것' 혹은 '끝에 가서 다른 모양으로 나타나는 것'이라고 할 수 있습니다. 이단이란 한참 지난 다음에야 본색을 나타내기 때문에 '속았구나!'하고 한탄할 때는 이미 돌이킬 수 없는 함정에 빠진 뒤인 것입니다.

의적을 가장한 도적, 천사를 가장한 악마. - 이것이 이단의 정체라는 사실에 경각심을 가졌으면 좋겠습니다.

이단에 속고 있는 사람 중에는 '한번 와서 들어 보고 판단하라.'는 말로 부추기는 경우도 종종 있습니다. 그러나 우리 속담에 "똥인지 된장인지 꼭 먹어봐야 아느냐?" 하는 말을 기억할 필요가 있습니다.

이 말에는 어리석은 행동을 질책하는 뜻이 있는가 하면 지혜롭지 못한 행동을 할 경우 어떤 모양으로든지 엄청난 대가를 치러야만 된다는 뜻도 포함하고 있습니다.

'똥인지 된장인지'는 냄새로 알아봐야지 일단 만져보거나 먹어본 뒤에는 그것이 똥이든 된장이든 뒤처리에 한동안 애를 먹어야 하기 때문입니다.

얼마 전에 분수를 모르는 어떤 목회자가 수천만 원의 돈을 길거리에 뿌려 물의를 빚은 일이 있습니다.

그렇게 한 이유가 '이웃과의 나눔을 실천한다.'는 것이었고, 방송 인터뷰에서는,

"이게 설교다. 돈을 움켜쥐지 말고 뿌리자. 우리는 뿌리고 나누는 삶을 살자."고 했다는 소리를 들었습니다만, 이런 말 같지 않은 말에 공감할 사람은 아무도 없을 것입니다.

거지에게 동냥을 줄 때에도 돈을 뿌려주지는 않습니다. 하물며 그리스도의 사랑을 나누겠다는 사람이, 그것도 성직자가 돈을 뿌린다는 것은 도대체 말이 되지 않는 것입니다.

비록 그가 주장하는 내용에 이단적인 요소가 발견되지 않았다 하더라도 그것은 이단 못지않게 나쁜 것입니다. 그런 사람에게 교육을 받고 그 내용을 목회에 적용한다는 건 아무리 너그럽게 봐준다 해도 합당한 일이 아니라고 생각합니다.

2. 빗자루 '루', 걸레 '레'

어떤 사람이 겨울을 날 궁여지책으로 시골 서당에 찾아가, 아이들의 글 가르치기를 자청했습니다.

시골 사람들은 무척 반가워하면서도 사례를 넉넉하게 할 수가 없어서 모시지 못하겠노라는 뜻을 전했습니다. 나그네는 밥만 먹여주면 족하다고 했습니다.

그날부터 글공부가 시작되어 천자문 책을 펼쳐놓기는 했습니다만 일자무식인 나그네로서는 가르칠 것이 없었습니다. 그는 되는 대로 주워섬기려고 주위를 둘러보니 마침 빗자루와 걸레가 눈에 띄었습니다.

"빗자루 루"

아무렇게나 주워섬기는 선생을 따라, 뭣도 모르는 아이들은 신이 나서

따라합니다.

"빗자루 루!"

"걸레 레."

"걸레 레!"

"빗자루 루 걸레 레"

"빗자루 루 걸레 레!"

'하늘 천 따 지'가 졸지에 '빗자루 루 걸레 레'로 변해버렸지만 아이들과 그 부모들에게는 더할 수 없는 기쁨이요 보람이었습니다. 그렇게 겨울이 지나갔습니다. 나그네는 한사코 붙잡는 동네 사람들을 뿌리치고 길을 떠났습니다.

다른 훈장님이 오셨습니다.

"어디 그동안 배운 것을 읽어보아라."

"빗자루 루, 걸레 레!"

거침없이 읽어 내려가는 아이들을 보고 새 훈장님은 어이가 없었습니다.

'하늘천(天) 따자(地)'를 그렇게 읽어놓고도 스스로 대견해하고 있으니 참으로 어처구니가 없는 일이었던 것입니다.

"애들아, 그것은 '빗자루 루 걸레 레'가 아니고 '하늘 천 따 지', 이렇게 읽는 거란다."

그러나 아이들은 막무가내로 '빗자루 루, 걸레 레'를 반복하는 것이었습니다. 급기야 훈장님은 호통을 치며 잘못을 지적했지만 아이들이 인정해주지 않을 뿐 아니라 부형들까지 들고 일어나서 이 무식한(?) 선생을 쫓아버렸던 것입니다.

처음부터 습관을 잘못들이거나 바로 배우지 못하면 여간해서 바로잡을 수가 없는 것입니다. 이를 한자 성어로 구즉난변(久則難變)이라고 합니다.

이단에 빠진 사람들이 바른 교훈을 받아들이지 못하는 것도 구즉난변의 영향 때문입니다.

이단을 탓하기 전에, 가르치는 위치에 있는 우리 자신을 성찰해 볼 필요가 있음을 깨달아야 하겠습니다.

3. 돌팔이

이 말은 '돌다'라는 동사와 무당이 섬기는 바리데기 공주를 가리키는 '바리'가 합쳐져서 된 '돌바리무당'이 어원이라는 설이 있습니다. '돌바리'는 일명 '돌무당'이라고도 하는데 돌무당은 집집을 방문해서 치료를 겸한 간단한 기도를 하고 점을 쳐 줍니다.

그렇게 돌아다니는 돌바리는 각양각색의 사람을 만나고 갖가지 사건을 겪는 중에 여러 가지 잡다한 지식을 갖게 됩니다. 주로 환자나 우환이 있는 집에 불려 다니던 돌바리는 그 와중에서 얻은 지식으로 웬만한 환자를 보기도 하고 간단한 처방도 내릴 줄 알게 됩니다.

그러는 중에 환자를 잘못 다뤄 큰 해를 끼치는 일도 종종 벌어지곤 했습니다. 이 때문에 돌바리들을 서툰 솜씨를 가지고 이리저리 다니면서 지식이나 기술을 파는 자들로 여기게 된 것입니다.

이처럼 한 곳에 터를 잡지 못하고 이곳저곳으로 떠돌아다니며 무업(巫業)을 하는 선무당을 '돌바리', '돌무당'이라고 불렀습니다. 그것이 입에서 입으로 전해지면서 '돌팔이'로 변한 것입니다.

오늘날에는 이곳저곳을 떠돌아다니면서 설익고 변변찮은 기술이나 학식, 또는 물건을 파는 사람을 가리키는 말로 변했습니다.

혹시 목회자들이나 교회 직원 중에 설익은 신학 지식을 가지고 성도들을 미혹된 길로 빠지게 하는 일이 없는지 주의해서 살펴볼 일입니다.

제가 듣기로는 부흥회 강사로 유명세를 타는 목회자 중에 이런 분이 있다고 합니다. 즉 부흥회 일정에 쫓겨 바쁘게 다니다 보니 차분히 설교 준비할 시간이 없어서 차량으로 이동하는 중에 이 책 저 책을 뒤져서 설교를 구상한다는 것입니다.

그렇게 해도 교회만 부흥되고 성도들이 은혜를 받는다고 하니 딱히 나무랄 일만도 아닌 것 같기는 합니다만 혹시 '선무당'의 모습이 유명세로 포장되지나 않을까 하여 심히 염려스럽기도 합니다.

또한 우리 주위에는 국어를 전공하지 않았거나 국어에 대한 전문지식이 부족한 상태에서 우리말 관련 책을 내거나 잘못된 주장을 펼쳐서 교회를 혼란스럽게 하는 경우가 많습니다.

그런 분들에게는 주의를 당부하며, 성도들에게는 잘못된 주장에 미혹되지 않도록 신중에 신중을 기해 주실 것을 부탁드립니다.

4. 가짜 도토리묵

사탄은 가짜가 진짜보다 더 진짜인 것처럼 보이도록 하여 성도를 속입니다. 진리가 왜곡되어 비진리가 참 진리를 흐리게 합니다.

1987년 11월 25일자 조선일보 〈민성란〉에 이런 내용의 기사가 실렸습니다.

파주에서 도토리묵을 쑤어서 읍내에 내다 파는 부인이 있었습니다. 그런데 이 부인의 도토리묵이 서울까지 가게 되었습니다. 어떤 사람이 파주에서 생산된 도토리묵을 샀는데 평소 사 먹던 묵 색깔이 아니었습니다. 옆에 있는 것을 다 살펴봐도 색깔이 달랐습니다.

결국 이 사람은 가짜 묵이 유통된다는 사실을 행정당국에 고발했습니다. 조사가 시작되었습니다. 그런데 파주에서 묵을 만들어 파는 사람들은 이구동성으로 서울의 묵이 가짜이고 파주 묵이 진짜라고 증언했습니다.

결국 서울에서 유통되는 묵이 모두 가짜인 것이 드러났습니다. 가짜가 진짜를 고발하는 어처구니없는 일이 우리 주위에서는 비일비재하게 일어난다는 사실을 잊지 말았으면 합니다.

그런 사람들은 거짓 사도요 속이는 일꾼이니 자기를 그리스도의 사도로 가장하는 자들이니라. 이것은 이상한 일이 아니라 사탄도 자기를 광명의 천사로 가장하나니, 그러므로 사탄의 일꾼들도 자기를 의의 일꾼으로 가장하는 것이 또한 대단한 일이 아니니라 그들의 마지막은 그 행위대로 되리라(고후 11:13-15).

5. '공부'가 불교 용어라고요?

우리나라는 오랫동안 불교의 영향권에 있었기 때문에 불교 용어가 일반 용어로 굳어진 것들이 많습니다. 예를 들면 '가책(양심의), 건달, 넋두리, 늦깎이, 돌팔이, (뒷)바라지, 다반사, 독서삼매, 도락, 말세, 면목, 무진장, 살림, 짐승' 등이 이에 속합니다.

그런데 '공부'가 불교 용어라니요?

'공부'란 본래 '주공부(做工夫)'에서 유래한 말입니다. '주공부'란 불도를 열심히 닦는다'는 뜻인데 그중에서도 특히 '공부'라 함은 참선에 진력하는 것을 말합니다. 불가에서 '공부'에 관한 기록은 선어록(禪語錄)에 많이 나오는데 다음과 같은 마음가짐으로 해야 한다고 합니다.

공부는 간절하게 해야 하며 공부할 땐 딴생각을 하지 말아야 하며 공부할 땐 오직 앉으나서나 의문하던 것에 집중해야 한다.

오늘날에는 학문을 배워 익히는 일 모두를 '공부'라고 합니다.

오늘날 타종교에 뿌리를 둔 용어를 배척해야 된다고 주장하는 기독교인들이 더러 있습니다만 무조건 배척만 하다가는 우리의 언어생활이 빈약해질 우려가 있습니다.

취사선택하여 다른 용어로 대체할 수 있는 말은 대용어를 사용하고 부득이한 말은 굳이 시비를 가릴 필요가 없다고 봅니다.

진리

1. 진리

1) 사전적 진리

'진리'를 국어사전에서 찾아보면 이렇게 풀이되어 있습니다(표준국어대사전)

「1」 참된 이치. 또는 참된 도리. ¶ 만고불변의 진리/진리를 깨닫다/진리를 찾다/그는 평생을 진리 탐구에 진력했다.
「2」 『논리』 명제가 사실에 정확하게 들어맞음. 또는 논리의 법칙에 모순되지 아니하는 바른 판단. 형식적 의미로 사유의 법칙에 맞는다는 의미에서의 사고의 정당함을 의미한다.
「3」 『철학』 언제 어디서나 누구든지 승인할 수 있는 보편적인 법칙이나 사실.

2) 진리의 한자 표기

'진리'의 한자 표기는 '眞理'인데 우리말로 풀이하면 '참된 이치', 혹은 '참된 도리'가 됩니다.

3) 히브리어의 진리

구약성경을 기록한 히브리어로 '진리'는 '에메트(אמת)'인데 히브리 글자 중 첫째 자인 알렙(א)과 가운데 자인 멤(מ), 그리고 맨 끝 자인 타우(ת)로 되어 있습니다. '진리'란 처음서부터 중간은 물론 끝까지 변함이 없는 것을 뜻합니다. 세상에서 처음부터 끝까지 변하지 않는 것은 성삼위 '하나님'과 '말씀'밖에 없습니다. 그러므로 성삼위 하나님과 말씀만이 참 진리인 것입니다.

4) 헬라어로의 진리

신약성경을 기록한 헬라어로 '진리'는 '알레데이아(ἀλήθεια)'라고 합니다. 그런데 이 말은 '알레데스(ἀληθής)'라는 밀에서 유래했는데 '알레데스'의 뜻은 '(숨기지 않으므로) 참되다'는 것입니다. 그런데 다시 '알레데스(ἀληθής)'는 헬라어 알파벳 첫 자인 '알렙(α) + 란다노(λανθάνω)'의 구조로 되어 있습니다. '알렙(α)'은 부정적 불변사로서 영어의 'not'와 같은 뜻이며, '란다노(λανθάνω)'는 '감추다, 무지하다, 깨닫지 못하다' 등으로 번역됩니다. 결국 신약성경이 말하는 '진리'는 속이거나 감출 수도 없고 투명해서 깨닫지 못할 것이 없는 절대적인 이치를 뜻합니다.

5) 절대불변의 진리

따라서 세상에서 절대불변의 진리는 오직 성삼위 하나님과 성경밖에 없습니다.

6) '진리'를 생명으로 여김

'진리'를 생명으로 여기는 교회(특히 목회자)가 진실하지 못하고 숨기는 것이 많고 변화무쌍한 세상과 보조를 같이하며 인정을 받지 못한다면 교회의 생명은 이미 끊어졌다고 봐야 할 것입니다.

2. 참과 거짓

거짓 선지자들을 삼가라 양의 옷을 입고 너희에게 나아오나 속에는 노략질하는 이리라 (마 7:15)

그런즉 거짓을 버리고 각각 그 이웃으로 더불어 참된 것을 말하라 이는 우리가 서로 지체가 됨이니라(엡 4:25)

'참'이란, 동사 '차다(滿)'에서 갈라져 나온 파생명사이고, '거짓'은 '거죽' 혹은 '겉(表面)'에서 나온 말입니다. 세상에서 진리라 일컬을만한 것은 오직 성삼위 하나님과 말씀밖에 없습니다.

말씀을 '진리'라고 할 수 있는 근거는 말씀 속에 하나님의 뜻이 꽉 차 있기 때문입니다. 목회자가 하나님의 말씀을 전하는 일에나 말씀을 연구하는 일에 소홀히 한다면 그것이야말로 거짓 행위가 될 것입니다.

이단이란 결국 비진리를 전하는 것만이 아니라 말씀의 거죽만 핥거나 말씀의 겉에서 맴도는 행위라고 할 수 있을 것입니다.

거짓 선지자는 성경 원어로 '푸슈도프로페테스(ψευδοπροφητης)'인데 이 단어는 '프슈데스(ψευδης=거짓된, 사악한)＋프로페테스(προφητης=예언자, 선지자)'의 구조로 되어 있어서 '위장된 예언자, 종교적 사기꾼' 등으로 번역됩니다.

한편 거짓의 반대말 '참'을 나타내는 성경 원어는 '알레데이아(αληθεια)'인데 이는 곧 '진리'와 같은 말입니다. 그런데 우리말 '거짓'은 '거죽' 또는 '겉(表面)'에서 나온 말입니다. 속은 비어 있는 채 거죽만 그럴듯하게 보이는 것은 안과 겉의 내용이 다르고, 조금만 충격을 받아도 금방 찌그러지거나 우그러들어서 전혀 다른 모양이 되고, 아무런 가치도 없을 뿐만 아니라 속고 있을 때는 아름답게 보일지 몰라도 일단 그 진실이 드러나게 되면 오히려 환멸감만 더 커지게 마련인 것입니다.

거짓이란 사기, 기만 등의 속임수뿐만 아니라 무심히 넘어가는 일상사에 이르기까지 폭넓게 스며들고 있다는 사실을 중시해야 하리라고 봅니다.

우리 주위에는 겉모양 가꾸기에만 정신이 없으며 치장하는데 온통 시간과 정열을 소비하는 개인이나 단체가 참으로 많습니다.

화장을 짙게 하고 머리 염색, 귀고리 등 장신구를 부착하고 화려한 옷을 입는 등 지나치게 자신을 나타내고자 하는 행위는 텅 비어 있는 자신의 인격을 위장하기 위한 수단이 아닌지 살펴볼 필요가 있다고 생각합니다.

찢어진 옷이나 해진 의복 등을 입고 다니는 것 또한 일부러 자신을 비하하는 행위로서 남은 물론 자신마저 속이는 행위는 아닌지 살펴볼 필요가 있다고 생각합니다.

이 모두가 '가득 차지 못한' 자신의 거죽이나 겉을 꾸며서 자신을 위장하고 감추려는 '거짓' 행위와 무관하지 않다고 생각합니다.

그것이 '유행'이라는 그럴듯한 명분을 내세워 '거짓된' 많은 사람들이 자신을 위장하는 수단으로 이용하도록 부추기는 것인데 그 배후에는 반드시 사탄이 있다는 사실을 꼭 기억해야 할 일입니다.

반면 '참'이란 말은 동사 '차다(滿)'에서 갈라져 나온 파생명사라고 했습니다. 속이 진실한 내용으로 꽉 차 있는 것은 아무리 깎아내도 내용물이 똑같으며 아무리 발길로 차고 뒹굴려도 그 모양이 변치 않으며 아무리 흠집을 내놓는다 해도 그 가치는 변함이 없으며 아무리 겉에다 오물을 발라 놓는다 해도 그 근본적인 아름다움까지 훼손할 수는 없는 것입니다.

진실로 '참된' 사람은 신령한 것으로 '가득 차' 있으니 유행에 민감할 이유가 전혀 없는 것이 아니겠습니까?

3. 가짜가 진짜를 고발하는 세상

사탄은 가짜가 진짜보다 더 진짜인 것처럼 보이도록 하여 성도를 속입니다. 진리를 왜곡시켜서 비진리가 참 진리를 흐리게 하는 것입니다.

▶ 가짜 도토리묵에 대해서는 앞에서 이야기했습니다.
▶ 몇 년 전 모 교회에서 있었던 일입니다.

그 교단에서 교류를 금지한 집단에 소속되어 부흥사로 활동하던 목사가 자기 교회 성도를 노회에 고소했습니다. 이유는 신천지 이단의 교리를 교인들에게 가르쳤다는 것이었습니다.

그 성도와 변호인은 신천지와 상관이 없다는 것을 극구 주장하며 오히려 교단이 교류를 금한 집단에서 부흥사로 활동한 담임 목사가 징계를 받아야 한다고 항변했지만 그 주장은 받아들여지지 않았습니다.

재판 결과 그 성도는 신천지와 상관이 없다는 사실이 밝혀졌습니다만 재판국에서는 이런저런 이유를 붙여 그 성도를 교회에서 제명하는 판결을 내렸습니다. 결국 그 성도는 교회에서 쫓겨났고, 나중에야 진실을 알게 된 성도들이 교회를 떠나는 바람에 교회는 풍비박산이 되어 존폐위기에 놓이고 말았습니다.

재판 후 담임 목사는 노회를 탈퇴하고 교단이 교류를 금지한 집단으로 교회와 함께 교적을 옮겨 버렸습니다.

▶ 국어를 전공하지도 않은 어떤 목회자가 교회 용어와 관련하여 상담 활동도 하고 책도 써서 제법 호응을 얻은 일이 있습니다. 그분이 쓴 책에 이런 내용의 글이 실려 있었습니다.

'목사님 축도로 예배를 마치겠습니다.' 하는 것은 잘못이고 '목사 축도로 예배를 마치겠습니다.'라고 해야 맞는 표현이라는 전제하에 그 이유를 이렇게 설명했습니다.

"개인이 부를 때는 '목사님'이지만 공식석상에서는 '목사님'이 아니라 '목사'라고 해야 합니다."

아무리 우리말에 대해 잘 모르는 사람이라 해도 '목사 축도로 예배를 마치겠습니다.' 하는 표현이 이상하다는 것쯤은 대번에 알아차릴 것입니다. 그러함에도 불구하고 이런 주장을 펼치는 것은 우리말에 대한 어설픈 지식 때문이라 하겠습니다.

국어 대우법에는 몇 가지의 원리가 있는데

① 청자 중심주의와 화자 중심주의

② 자기 낮춤 원칙

③ 다자 최우선 원칙

④ 존대파급원리

⑤ 일관성의 원리 등을 들 수 있습니다.

이 중에서 ③ 번의 '다자(多者) 최우선 원칙'이란 '대중 앞에서 대중을 상대로 이야기할 때는 화자가 존귀한 인물로 생각하는 사람이라도 그 인물에 대하여 높임법을 쓰지 않는 것이 원칙이다.' 하는 것입니다.

그러므로 '다자 최우선 원칙'에 따르자면 '목사님 축도'가 아니라 '목사 축도'라고 해야 맞습니다. 왜냐하면 목사는 개인이고 성도들은 대중(다자)이기 때문입니다. 그러나 여기까지밖에 모른다면 그야말로 '어설픈 지식' 수준에 머물고 마는 것입니다.

'다자 최우선 원칙'을 알고 있다면 그에 따르는 단서까지 알아야 제대로 된 지식이라 하겠습니다. 단서 조항은 이런 것입니다.

'대중'이란 동질적 집단이 아닐 때를 뜻한다.

즉 동질적 집단일 경우에는 다자 최우선 원칙이 적용되지 않는다는 것입니다. 동질적 집단이란 '일정한 위계질서가 확립되어 있는 집단'을 뜻하는 것이므로, 예배에 참석한 사람들은 모두가 동질적 집단에 해당하는 것입니다.

따라서 '목사 축도로 예배를 마치겠습니다' 하는 것은 잘못이고 '목사님 축도로 예배를 마치겠습니다.'라고 해야 바른 표현이 되는 것입니다.

▶ 가짜가 진짜를 고발하는 어처구니없는 일이 우리 주위에서는 비일비재하게 일어난다는 사실을 잊지 말았으면 좋겠습니다. 또한 내가 알고 있는 지식이 잘못된 것은 아닌지 심각하게 고민하는 풍토가 조성

되었으면 좋겠습니다.

그런 사람들은 거짓 사도요 속이는 일꾼이니 자기를 그리스도의 사도로 가장하는 자들이니라. 이것은 이상한 일이 아니라 사탄도 자기를 광명의 천사로 가장하나니, 그러므로 사탄의 일꾼들도 자기를 의의 일꾼으로 가장하는 것이 또한 대단한 일이 아니니라. 그들의 마지막은 그 행위대로 되리라(고후 11:13-15).

4. 나는 불행해!

딸아이가 유치원에 다닐 때의 일입니다.

어디서 났는지 과자와 인형을 들고 온 아이가 아빠인 저를 보더니

"아빠, 나는 불행해!"

하는 것이었습니다. 그러나 얼굴에는 행복한 표정이 가득 담겨 있었습니다.

"왜 불행한데?"

저는 의아한 표정으로 물었지만 딸아이의 심중을 충분히 헤아릴 수 있었습니다.

"인형도 있고 과자도 있고……."

"으응, 이런 땐 불행한 게 아니고 행복한 거야. '나는 행복해!' 이렇게 말해야 되는 거야."

"그런 거야? 그럼 난 행복해."

딸아이가 행복한 것 못지않게 저도 한동안 행복한 분위기에 젖어 있었습니다. 만약의 경우를 생각해 봅니다.

대학 이상의 학력을 쌓고 나이도 어른이 된 사람이 딸아이와 같은 상황에서 '나는 불행합니다.'라고 한다면 그 얼마나 우스운 일이며 또 불행한 일이겠습니까!

진리를 바로 깨닫지 못하면 엉뚱한 소리를 할 수 있습니다.

5. 공깃돌과 금강석

또 이런 이야기도 있지요.

아프리카를 탐색하던 사람이 진귀한 광경을 목격했습니다. 아이들이 공
깃돌 놀이를 하는데 그 돌들이 모두 금강석이었습니다.

이 사람은 아이들에게 사탕 몇 개를 던져주고 공깃돌과 바꿔서 모두 챙
겼습니다.

제가 어느 성도의 집을 방문했을 때였습니다.

그 집에는 손님이 와 있었습니다. 함께 이야기를 나누던 중 교회에 다니
느냐고 물었습니다. 손님 대답.

"얼마 전까지는 교회에 다녔는데 불교로 개종했습니다."

기가 막힌 나머지 제가 쓴소리 한마디 던졌습니다.

"금덩어리를 주고 돌덩이를 사셨네요."

6. 넉 점 반

제가 초등학교(당시는 국민학교) 다닐 때 윤석중 선생이 지은 '넉 점 반'이라
는 동시를 읽고 얼마나 크게 감동했는지 모릅니다. 그 어렸을 때, 무슨 마
음이 들었던지 그만 울컥해서 눈물이 글썽이던 생각이 납니다.

이렇게 좋은 글을 지을 수 있는 윤석중 선생이 몹시도 부러웠고 나도 이
담에 좋은 글을 쓰는 사람이 되겠다고 다짐했습니다.

아기가 아기가
가겟집에 가서

"영감님 영감님
엄마가 시방
몇 시냐구요"
"넉 점 반이다"

"넉 점 반 넉 점 반"

아기는 오다가 물 먹는 닭
한참 서서 구경하고
"넉 점 반 넉 점 반"

아기는 오다가 개미 거둥
한참 앉아 구경하고
"넉 점 반 넉 점 반"

아기는 오다가 잠자리 따라
한참 돌아다니고
"넉 점 반 넉 점 반"

아기는 오다가
분꽃 따 물고 니나니 나나나
해가 꼴딱 져 돌아왔다

"엄마, 시방 넉 점 반이래"

'넉 점 반'에 대한 감동은 예나 지금이나 변함이 없습니다만 목회자가 되고서 신앙적인 차원에서 이 시를 다시 한번 생각해 보았습니다.

예수님을 믿은 지 10년이 지나고 20년이 지나도 그 신앙의 수준이 항상 넉 점 반에 머물러 있다면 이 얼마나 안타까운 일이겠습니까. 우리는 어린 아이의 순진성은 유지하되 신앙은 부쩍부쩍 자라서 장성한 분량의 믿음을 가져야 할 것입니다. 예수님께서도 그렇게 성장했으니까요.

예수는 그 지혜와 그 키가 자라가며 하나님과 사람에게 더 사랑스러워 가시더라(눅 2:52)

형제들아 지혜에는 아이가 되지 말고 악에는 어린아이가 되라 지혜에 장성한 사람이 되라(고전 14:20)

대저 젖을 먹는 자마다 어린아이니 의의 말씀을 경험하지 못한 자요(히 5:13)

7. 코스를 이탈해서 놓친 금메달

86년 아시안게임 때 여자 800m 경주에서 우리나라의 임춘애 선수가 금메달을 획득하여 화제가 된 일이 있습니다.

그러나 실은 인도의 쿠리싱칼시니라는 선수가 1위로 결승선을 통과했습니다. 하지만 유감스럽게도 쿠리닝칼시니 선수는 제 코스로 달리지 않았기 때문에 실격 처리되고 말았습니다.

천국은 오직 '길'이요 진리요 생명이 되시는 예수 그리스도를 통해서만 갈 수 있다는 사실을 일깨워 주는 내용이 아닐 수 없습니다.

8. 흰 가운 검은 가운

목회자들이 예배 때 착용하는 가운에 대하여 견해가 구구한 줄 압니다. 가운 착용의 풍습은 이방 종교에서 비롯된 것이며 권위주의의 산물이기 때문에 종교개혁자들도 가운 착용에 대해서 무척 비판적이었다는 주장도 있습니다.

제 생각으로는 가운을 착용하든지 안 하든지 그것은 목회자에게 맡길 일이지 신학적으로 규명하는 건 무의미하다고 봅니다.

저는 목회 초기부터 흰 가운과 검은 가운을 철 따라 착용하고 있습니다. 그 이유를 말씀드리자면 다음과 같습니다.

첫째는 가운이 풍기는 종교적 분위기입니다. 둘째는 권위에 관한 문제입니다. 셋째는 색깔이 갖는 의미 등입니다. 이 셋 중에서도 저는 색깔이 갖는 의미에 중심을 두고 있습니다.

먼저 흰색입니다.

흰빛에 대한 우리말의 어원은 '해(日, 太陽)'입니다. 그래서 '해'를 한자어로 '백일(白日)'이라 하고 대낮을 '백주(白晝)'라고 합니다.

성경은 하나님(예수님)을 '해'에 비유하기도 합니다.

여호와 하나님은 해요 방패시라(시 84:11)
의로운 해가 떠올라서(말 4:2)

또한 흰색은 '밝음'을 뜻하며 '순결'을 의미하기도 합니다. 그런데 무엇보다도 중요한 것은 흰색은 모든 색을 다 반사(배척)한다는 것입니다. 즉 모든 색을 다 반사한 색이 흰색이라는 것입니다.

목회자는 모름지기 '진리' 외에는 모두 배척해야 하는 줄 압니다. 더구나 강단에서 말씀을 선포하는 목회자는 그 어떤 비진리와도 타협해서는 결코 안 되는 것입니다.

저는 흰 가운을 입을 때마다 흰색의 의미를 되새기고 있습니다.

다음은 검은색입니다.

검은색은 흰색과 달리 모든 색을 다 흡수(포용)해서 이루어진 것입니다.

목회자는 교회에 들어오는 사람은 누구든지 다 포용하고 끌어안아야 한다고 생각합니다. 죄지은 사람, 병든 사람, 상처받은 사람, 또 나를 대적하는 사람 등 다양한 사람들을 큰 가슴으로 끌어안고 어루만져 주는 것이 목회자의 도리라고 생각합니다.

가소로운 변명쯤으로 웃어넘길 사람도 있으리라고 생각합니다. 그러나 아무튼 저는 이처럼 죄악은 배척하고(흰색) 죄인을 포용한다(검은색)는 신념으로 철 따라 흰 가운과 검은 가운을 입고 있습니다.

가운을 안 입는다고 해서 권위주의가 사라지거나 진리가 더 드러나는 것도 아니고, 가운을 입는다고 해서 꼭 권위주의를 표방하거나 진리를 가리는 것은 아니기 때문입니다.

감사와 섬김

감사

1. 자원한 종

좀 오래전의 일입니다. 목회자 세미나에 참석했을 때입니다. "종놈들이 판친다."고 하며 격앙된 어조로 강의를 진행하는 강사가 있었습니다.

그 강사는 당시 일부 성도들이 목회자를 일컬을 때 '종님'이라고 하는 사실에 대해 무척 마음이 상한 것 같았습니다. 일반적으로 '종'이란 '노예'와 같은 뜻으로 쓰이는 말인데 신분상으로 최하위의 대접을 받는 사람을 가리킵니다. 그러한 종에게 '님'자를 붙여서 대접한다는 것은 그야말로 어불성설 즉 '말도 안 되는 소리'라는 것이었습니다.

그러나 교회에서 하나님의 일꾼들을 '종' 또는 '종님'이라고 하는 것은 종교적인 차원에서 생각해야 제대로 이해할 수 있습니다.

성경에서는 아브라함, 이삭, 야곱은 물론 모세나 다윗 등도 하나님의 종으로 불렸습니다. 더구나 예수께서도 '거룩한 종'으로 불린 사실을 우리는 알고 있습니다(행 4:27,30).

여기서 우리가 관심을 가져야 할 부분은 '거룩한 종'이라는 표현입니다. "종이면 종이지 거룩한 종은 또 뭐야?" 이런 반문을 예상할 수 있겠습니다만 '거룩한' 대신 '자원한'이라는 용어로 표현하면 어느 정도 이해가 될 줄 압니다.

'자원한 종' — 종의 신분이 아님에도 불구하고 자청해서 종이 되었다는 것인데 어떤 경우에 이런 일이 일어날 수 있겠습니까? 이런 예화를 읽은 기억이 납니다.

어떤 선교사님이 노예시장을 지날 때였다고 합니다. 노예로 팔려 가는 모녀가 있었는데 어머니 노예가 어린 딸을 부둥켜안고 노예 상인에게 사정을 하는 것이었습니다. 제발 딸을 데려갈 수 있게 해달라고 말입니다. 그러나 노예 상인은 그 청을 거절했습니다.

이 광경을 목격한 선교사님은 웃돈을 얹어주고 모녀를 샀습니다. 그리고는 그 어머니 노예에게 말했습니다.

"당신 모녀를 내가 샀습니다. 그러나 나는 당신들을 노예로 부리지 않고 자유를 주겠습니다. 이제 어디든지 가고 싶은 데로 가십시오. 당신들은 이제 자유의 몸입니다."

이렇게 말한 선교사님은 그 자리에서 노예 문서를 찢어버렸습니다. 어머니 노예가 감격하여 눈물을 흘리며 말합니다.

"아닙니다, 선생님. 선생님은 저희 모녀의 주인이십니다. 어디든지 따라가서 성심껏 모시겠습니다."

두 모녀는 기어이 선교사님을 따라옵니다. 우거진 숲길을 지나갈 때였습니다. 갑자기 독사가 나타나 선교사님을 물어버렸습니다. 선교사님은 그만 의식을 잃은 채 쓰러지고 말았습니다.

얼마나 지났을까? 선교사님이 의식을 회복했습니다. 주위를 둘러보던 선교사님은 그만 깜짝 놀라고 말았습니다. 어머니 노예가 온몸이 퉁퉁 부은 채 죽어 있었던 것입니다. 어머니 노예는 독을 입으로 빨아 선교사님을 살려낸 것입니다. '자원한 종'이란 바로 어머니 노예와 같은 사람을 가리키는 것입니다.

예수께서는 당신의 보혈을 흘리셔서 죄의 종이 된 인간들을 구속하셨습니다. 참 자유를 주시고 하나님의 자녀로 삼으셨습니다. 이 은혜에 감격한 사람들이 자원해서 주님의 종이 되었습니다. 이런 사람들을 대접해서 부르는 명칭이 '종님'인 것입니다.

2. 없는 것보다 있는 게 더 많지

어느 날 저녁 준비를 하던 아내가 불평을 늘어놓습니다.

"왜 이렇게 없는 게 많아. 참기름도 없고 깨소금도 없고……."

옆에서 듣고 있던 제가 말했습니다.

"없는 것보다는 있는 게 더 많지. 간장도 있고 된장도 있고 고추장도 있고 소금도 있고 고춧가루도 있고 파도 있고 마늘도 있고……."

"시끄러워요! 없는 거 사 줄 생각은 안 하고……."

'감사'라는 말에는 '더 바랄 게 없다'는 뜻이 들어 있습니다. 바랄 게 많은 사람의 입에서는 절대로 '감사'라는 말이 나올 수 없습니다.

우리에게는 감사할 조건이 얼마든지 있는데도 불구하고 잠시의 고통이나, 몇 가지 없는 것만 생각하고 불평을 늘어놓는 경우가 많습니다.

범사에 감사하여라. 이는 그리스도 예수 안에서 너희를 향하신 하나님의 뜻이니라(살전 5:18).

3. 감사와 절제

하나님의 은혜는 말할 수 없이 크고 넓고 깊고 높아서 조건을 따질 수 없지만, 그래도 가장 먼저 감사해야 할 조건을 들라고 하면 과연 무엇이라고 답을 해야 할까요?

감사의 조건과 크기는 사람마다 달라서 '이것이 정답이다.' 하고 일률적으로 말할 수는 없을 것입니다. 그러나 나름대로 답이 될 만한 것을 찾아보자면 못 찾을 것도 없다고 생각합니다.

우리가 잘 아는 바와 같이 '감사'를 나타내는 가장 대표적인 성경 원어는 '유카리스토스(εὐχάριστος)'인데 그 뜻은 '(특히)식사에 대한 감사'를 나타내는 것입니다. 이로 미루어 보건대 인간이 무엇보다 하나님께 우선하여 감사할 조건은 일용할 양식을 주신 것에 대한 감사가 아닌가 합니다.

우리가 식량을 살 때 값을 치르기는 합니다만 그것은 농부들의 수고에 대한 배려일 뿐, 결코 쌀값이 아님을 잊지 말아야 할 것입니다.

쌀 한 톨이 생산되기 위해서는 햇빛과 공기, 비와 이슬 등이 절대적으로 필요한 것인데 도대체 햇빛이나 물, 공기 등을 어떻게 값으로 따질 수가 있겠습니까. 다만 하나님의 은혜로 거저 받은 것들이지요.

이렇게 오직 은혜로 받은 양식과 음식에 필요한 모든 재료를 사용하는 우리가 어찌 이를 낭비할 수가 있겠습니까. 그래서 매사에 절제하는 생활이 필요한데, 이 '절제'는 성령의 아홉 가지 열매 중의 하나인바 이 시대에 우리가 가장 힘써야 할 일이 아닌가 합니다.

'절제'는 성경 원어 '엥크라테이아(ἐγκράτεια)'의 번역어인데, 이 말은 '(특히) 식욕을 자제하다'는 뜻을 나타내는 말입니다. 그래서 '(지나치게) 많이 먹는 것도 죄가 된다'고 주장하는 분들도 있습니다. 탐식이나 과식을 경계하는 충고의 말일 것입니다.

오늘날 인구의 4분의 1이 기독교인인 대한민국에서 음식 쓰레기로 골머리를 앓고 있다면 이것은 정말로 하나님 앞에 큰 죄를 범하고 있는 것입니다. 그뿐만 아니라 성도들이나 특히 목회자들이 식도락을 위해 먼 길을 마다하지 않고 찾아다니는 일도 신중한 고려가 있어야 할 줄 압니다.

진정한 감사는 '절제하는 마음가짐'에서부터 비롯된다는 사실을 잊지 말았으면 좋겠습니다.

단합

1. 유관순과 젓가락

유관순이 기숙사에 기거하면서 공부하고 있을 때였다고 합니다. 식사 중에 외국인 사감 선생이 이렇게 말했습니다.

"젓가락을 상 위에다 세워볼 사람 있습니까?"

학생들은 저마다 젓가락 하나씩을 잡고 상 위에다 세워보려 했지만 아무도 성공하지 못했습니다. 그때 유관순은 상 위에 있는 젓가락을 모두 모아 끈으로 한데 묶었습니다. 그리고 상 위에 세워놓았습니다.

"바로 그것입니다. 한국사람, 단결하는 힘이 적습니다. 뭉치면 큰 힘 생긴다는 거 한국사람, 잘 모르고 있습니다. 한국사람, 뭉치면 금방 독립할 수 있습니다."

과연 우리나라 사람들의 결점을 말하자면 단결력의 부족을 첫째로 꼽을 수 있을 것입니다.

이 사실을 일찍이 깨달은 우리의 선배들은 '뭉치면 살고 흩어지면 죽는다.' 하는 구호를 많이도 외쳤던 것입니다.

성경에도 뭉칠 것을 강조하는 구절이 많은 것을 우리는 압니다.

"세 겹줄은 쉽게 끊어지지 않느니라."(전 4:12)

2. 뭉쳐야 산다

우리나라 초대 대통령이었던 이승만 대통령은 '뭉치면 살고 흩어지면 죽는다.'라는 말로 단합을 무척이나 강조했습니다.

당파싸움으로 물고 뜯고 하다가 결국 나라까지 빼앗긴 아픈 역사를 되새기게 하는 좋은 예라 할 수 있겠습니다.

1) 이솝우화에는 이런 이야기가 있습니다.

살찐 세 마리의 황소가 있었는데 셋은 우애가 아주 돈독했습니다. 사자가 아무리 잡아먹으려 해도 뜻을 이루지 못했는데 그것은 셋이 뭉친 힘을 당해낼 도리가 없기 때문이었습니다.

사자는 꾀를 내어서 셋의 사이를 이간질했습니다. 셋은 사자의 꾐에 빠져 서로를 미워하게 되었고 따로 놀게 되었습니다.

결국 사자는 세 마리의 황소를 한 마리씩 모두 잡아먹고 말았습니다.

2) 옛날 어느 나라에 늙은 왕에게 세 아들이 있었습니다.

왕이 죽자 권력욕에 사로잡힌 젊은 계비는 첫째 왕자를 꼬였지만 뜻을 이루지 못하자 둘째 왕자에게 접근해 뜻을 이루었습니다. 그래서 둘째 왕자를 왕으로 세우고 자신은 왕비가 되었습니다. 이 반역적이고 패륜적인 행위에 분노한 첫째 왕자는 이웃 나라의 군대를 빌려서 왕위를 쟁탈하려 했습니다.

그러나 용맹하기로 이름난 셋째 왕자에 의해 그 뜻은 좌절되고 말았습니다.

첫째가 막내를 꾸짖었습니다.

"너는 어찌해서 반역자이며 패륜아인 둘째를 편드느냐?"

"형님, 저는 결코 둘째 형님이 옳다고 생각하지 않습니다. 다만 큰형님께서 외국의 군대를 끌어들인 것은 나라를 외국에 넘겨줄 위험이 있기에 그것을 막은 것뿐입니다."

3) 예수님의 치유의 비밀

예수께서 귀신 들려 눈이 멀고 말을 못 하게 된 사람을 고쳐주셨을 때

바리새인들이 비난했습니다. 귀신의 왕 바알세불의 힘을 빌려 고치셨다고.

예수께서 말씀하셨습니다. 사탄이 사탄을 쫓아낸다면 그놈들 스스로 분쟁하는 것이니 어떻게 사탄의 나라가 설 수 있겠느냐. 결코 그놈들은 망할 줄 알면서 스스로 분쟁하지 않는다는 것을 일깨워 주셨습니다.

그렇습니다.

사탄도 제 놈의 나라가 망하는 것이 두려워 제 놈들끼리는 싸우지 않습니다. 그런데 어째서 교회가 그렇게도 잘 싸우고 나누어지고 갈라서고 하는지 모르겠습니다.

분쟁의 결과는 파멸인 줄 뻔히 알면서도 주님께서 피 값으로 세우신 교회가 물고 뜯고 싸우기를 그치지 않습니다. 그리고 서로 갈라설 때는 영락없이 '진리'를 내세웁니다.

마귀는 제 놈들 스스로는 똘똘 뭉쳐 있으면서, 교회를 찢어놓고 갈라놓고 나눠놓는 일에 사활을 걸고 있습니다. 그런데 교회는 사탄을 끌어들여서라도 자기 뜻을 이루겠다고 싸움을 그치지 않으니 이런 망극할 데가 어디 있겠습니까?

분수

1. 생구(生口)를 아십니까?

일 년 중 가장 더운 때를 일컬어 '삼복더위'라고 하는데, 복(伏)날은 소서 후 첫 庚(경)자 든 날을 초복으로 하여 그 열흘 후가 중복, 또 열흘 후가 말복입니다.

말복 날이 입추 앞에 있으면 열흘을 물려서 적용합니다. 올해는(2022) 말복(8월 6일)이 입추(8월7일) 앞에 있으므로 8월 15일로 말복이 물렸습니다. 복 때가 되면 애꿎은 개들이 수난을 당하는데, 아마 개들은 누가 만들었는지 모르지만 '伏'자 만든 사람을 원망해야 하리라는 생각입니다. '伏' 자는 사람(人) 앞에 개(犬)가 엎디어 있는 글자이기 때문입니다.

우리말로 '달임(혹은 다림)'이란 '같이 먹고 노는 모임'을 뜻하는 말인데, 화전 부쳐 먹고 노는 모임을 '꽃달임'이라고 하는가 하면 복날 개고기나 소고기 혹은 닭고기 등 육식을 하며 노는 것을 '복달임'이라고 합니다.

복날은 주로 개고기를 즐겨 먹는데, 개고기에 된장을 풀어 끓인 국을 개장국이라고 합니다. 그런데 개장의 냄새를 싫어하는 사람들을 위해서 개고기 대신 소고기를 넣어 끓여낸 장국을 육개장이라고 합니다. 肉(육)이란 원래 소고기를 뜻하는 글자입니다.

흔히 '육개장'이 맞는 말인지, '육계장'이 맞는 말인지 헷갈릴 때가 있는데 '육개장'이 맞는 말입니다.

요즈음은 개장국을 일컬어 보신탕이니 영양탕이니 하지만 이런 말들은 최근에 생긴 말들로서 개장국을 미화한 것입니다.

사람들은 복날뿐 아니라 여느 날에도 개장국으로 보신을 하지만 개가 반란이라도 일으키게 되면 사회가 시끄러워지는 경우를 종종 봅니다.

죄를 짓는 행위를 犯行(범행)이라 하고, 죄지은 사람을 犯人(범인)이라고 하는 것쯤은 누구나 다 알고 있습니다.

문제는 바로 '범(犯)'이라는 글자입니다. 이 글자는 '犭(犬)＋巳(절=사람이 꿇어앉아 있는 모습)'로 되어 있어서 개가 사람에게 달려들어 꿇어앉게 한 모습입니다.

즉 개 같은 사람이 선량한 사람에게 위해를 가해 굴복시키는 것이 곧 범죄라는 사실입니다. 따라서 개가 왕 노릇(狂＝犭＋王)하게 된 상태를 일컬어 '미쳤다'고 합니다.

'막가파'가 판을 치는 막가는 세상을 개탄했더니, 요즈음은 스무 명도 더 되는 사람을 죽여서 톱으로 썰어 암매장한 광인(狂人)이 나타나 세상을 경악시키고 있습니다. 그야말로 개들이 판을 치는 '개판 세상'이 돼버리고 말았습니다.

사람이고 짐승이고 간에 분에 넘치는 대접을 받게 되면 자신의 위치를 망각하게 되는 수가 있습니다.

외국에는 개 호텔이 생기고 개 식당이 생겨 화제로 삼았었는데 이제는 우리나라에도 개 식당이 생기고 개 장례식장까지 생길 만큼 개 대접이 극진합니다.

그러나 동물을 아끼고 사랑하는 것은 그렇다 하더라도 동물에 대한 지나친 대접은 오히려 인간성을 말살시킬 염려가 있어 신중해야 하리라고 봅니다. 동물은 동물답게 다루어야 제격입니다. 개 식당, 개 호텔, 개 미용실은 무엇이며 개 장례식장은 또 무엇인가요?

그것이 동물 사랑이고 그런 행동이 동물을 애호하는 것이라면 동물 사랑의 의미를 다시 정립해야 할 것입니다.

자세히 살펴보면 우리나라처럼 동물을 동물답게 대접한 나라도 아마 없을 것입니다. 우리 선조들은 소를 비롯한 가축들을 '생구'라 하여 각별하게 대접하여 불렀습니다.

생구란 ① 포로 ② 소나 말 등의 가축 등을 가리키는 말입니다. 즉 가축을 각별하게 대접하기는 했지만 엄격한 선을 그어 포로 이상의 선은 넘지 않았습니다.

개 호텔, 개 식당, 개 미용실, 개 장례식장 ―. 개 대접이 너무 지나친 게 아닌지 다시 한번 생각해 봤으면 좋겠습니다.

2. 단매에 맞아 죽은 중

고려 말, 불교가 극히 타락하여 중들의 행패가 극심하던 때의 일입니다.

대낮에 여인을 겁간하려던 중이 관아로 잡혀 왔습니다. 사또 앞에서도 중은 전혀 겁을 내지 않은 채 싱글벙글 웃고 있었습니다.

당시에는 요승 신돈의 세력이 막강하여 중이 대죄를 짓고 잡혀 와도 곤장 한 대만 맞으면 그것으로 모든 일이 끝났기 때문이었습니다. 사또는 중에게 중벌을 내리고 싶었지만 어쩔 수 없이 곤장 한 대만 때리라고 명했습니다.

중은 볼기를 깐 채 형틀에 묶였어도 그저 싱글벙글, 겁을 내는 기색이 전혀 없었습니다. 곤장 한 대 맞고 나가서 또 그 짓을 하겠다고 생각하니 아마 신이 났는지도 모를 일입니다.

곤장을 들고 중을 내려다보는 나졸은 몸을 부르르 떨었습니다. 나졸은 중만 생각하면 이가 갈리는 사람이었습니다. 자기 누이도 어떤 중에게 겁탈을 당했는데 그 중놈도 곤장 한 대만 맞고 껄껄 웃으면서 관아를 나가던 일이 생각났던 것입니다.

그 일로 누이는 자진을 했고, 나졸은 누이의 원수 갚을 기회만 벼르고

있던 터였습니다. 곤장을 틀어쥔 나졸의 손이 부르르 떨렸습니다. 가슴에
는 의분이 치솟아 올랐습니다.

"에-잇!"

기합 소리에 중은 전신에 힘을 주었습니다. 그러나 나졸은 곤장을 내리
치지 않았습니다. 그렇게 하기를 여러 차례, 나졸의 이마에는 땀방울이 맺
혔고 중은 마음을 턱 놓아버렸습니다. 나졸이 겁이 나서 곤장을 내리치지
못한다고 생각했기 때문이었습니다.

"에-잇!"

"에-잇!'

나졸은 기합 소리만 질러댈 뿐 곤장을 내리칠 생각을 못 하는 것이었습
니다.

이제 중은 완전히 긴장을 풀어버린 채 껄껄 웃어버리는 지경에 이르렀
습니다. 바로 그 순간이었습니다.

"에잇!"

나졸의 곤장이 중의 엉덩이를 강타했습니다. 그것도 하체에서 머리 쪽
으로 비스듬히 올려 치는 매였습니다.

곤장 한 대를 맞은 중은 껄껄 웃으며 일어났습니다. 그리고는 관아 밖으
로 걸어 나갔습니다. 그러나 몇 발짝 걷던 중은 그 자리에 쓰러진 채 죽어
버리고 말았습니다.

상급 기관의 조사가 시작되었습니다. 그렇지만 아무리 조사를 해봐도
중은 단매에 죽은 것이 분명했습니다.

그 뒤로부터 고려사회에서 중의 행패는 씻은 듯이 사라지고 말았습니
다. 곤장 한 대에 죽을 수도 있다는 두려움에 중들은 오금이 저렸던 것입
니다.

오늘의 우리 사회, 특히 목회 현장을 들여다봅니다.

참으로 입에 올리기 민망합니다만 7계명을 범한 목회자들이 외국에 한 번 나갔다 들어와서는 목사직을 계속 수행한다는 소문을 들었습니다.

그런가 하면 역시 7계명을 범한 목회자를 노회가 처벌하지 않고 다른 교회로 보내는 바람에, 가는 곳마다 여성도를 울리는 파렴치한 목회자를 알고 있습니다.

이러한 때에 교회의 노조가 설립된 것에 대해 탓할 수만은 없다고 저는 생각합니다.

교원노조가 설립된 순간부터 교직은 더 이상 성직(聖職)이기를 포기한 것처럼, 교회노조가 설립된 순간부터 목회는 더 이상 성직이 아님을 스스로 인정한 사실에 대해 매우 가슴 아프게 생각합니다.

그러나 노조를 설립할 수밖에 없는 목회 현실에 대해 비난이나 질타보다 회개가 앞서야 할 것입니다. 이러다가는 우리 목회자들 중에도 단매에 맞아 죽는 일이 생기지나 않을까 염려스러운 마음을 금할 수가 없습니다.

섬김(노력과 수고)

1. 불한당(不汗黨)

'불한당(不汗黨)'이란 '떼를 지어 돌아다니며 재물을 마구 빼앗는 사람들의 무리' 혹은 '남 괴롭히는 것을 일삼는 파렴치한 사람들의 무리'를 뜻합니다.

그런데 이 단어의 문자적인 뜻은 '땀(汗)을 안 흘리고(不) 남의 것을 거저 먹겠다는 무리(黨)'로서 아주 고약한 심보를 가진 사람을 뜻합니다.

성경에도 '일하기 싫어하거든 먹지도 말게 하라'는 말씀이 있습니다(살후 3:10). 혹시 성도들이나 특히 목회자 중에 일하기를 싫어하고 먹을 것만 찾는다든가 자기 권리만 주장하는 사람이 있다고 하면 이는 하나님의 말씀을 정면으로 거역하는 반역 행위가 될 것입니다.

이러한 사람이야말로 불한당 중의 불한당이 아니겠습니까?

2. 일미칠근(一米七斤)

이 말은 '쌀 한 톨 생산하는데 땀을 일곱 근이나 흘린다'는 뜻입니다. 농민들의 애간장이 얼마나 녹아나는가를 일깨워 주는 말입니다.

그런가 하면 '米'자는 '쌀'을 뜻하는 글자인데 그 구조가 '八+十+八'로 되어 있습니다.

즉 쌀 한 톨을 생산하기 위해서는 손이 여든여덟 번(88회)이 가야 한다는 뜻입니다.

이 시대의 목회자들은 설교 한 편 작성하는데 일곱 근의 땀을 흘리고 88번이나 손질을 할 만치 열심과 정성을 다해야 할 것입니다.

3. 예수께서 쓰신 제자들

예수께서 쓰신 제자, 즉 사도 중에는 뱃사람들이 많습니다. 일반적으로 뱃사람들은 학식이 많지 않으며 성격이 거칩니다. 마 4:18과 21에는 베드로, 안드레 형제와 야고보, 요한 형제를 부르시는 내용이 기록되어 있습니다.

> 마 4:18 갈릴리 해변에 다니시다가 두 형제 곧 베드로라 하는 시몬과 그 형제 안드레가 바다에 그물 던지는 것을 보시니 저희는 어부라

> 마 4:21 거기서 더 가시다가 다른 두 형제 곧 세베대의 아들 야고보와 그 형제 요한이 그 부친 세베대와 한가지로 배에서 그물 깁는 것을 보시고 부르시니

그런가 하면 요 21:2-3에 보면 예수님께서 십자가에 달려 돌아가신 직후 물고기나 잡으러 가겠다는 베드로를 따라나선 사람 중에 도마와 나다나엘, 그리고 이름이 밝혀지지 않은 두 사람이 있습니다.

> 시몬 베드로와 디두모라 하는 도마와 갈릴리 가나 사람 나다나엘과 세베대의 아들들과 또 다른 제자 둘이 함께 있더니 시몬 베드로가 나는 물고기 잡으러 가노라 하매 저희가 우리도 함께 가겠다 하고 나가서 배에 올랐으나 이 밤에 아무것도 잡지 못하였더니 (요 21:2-3)

베드로를 따라 고기 잡으러 나선 이들 네 사람은 뱃사람은 아닌 것 같은데 그렇다고 다른 일에 전문적인 지식을 갖추고 있는 사람도 아닌 것 같습니다.

그렇다면 예수께서는 이들의 어떤 점을 보고 제자로 선택하셨을까요? 저는 이렇게 생각합니다.

예수께서는 베드로 형제가 바다에 그물 던지는 것을 보시고 부르셨으며, 야고보 형제는 그물 깁는 것을 보시고 부르셨습니다.

이들이 던진 그물은 '큰 그물(21절=δίκτυον), 즉 어망(18절= ἀμφίβληστρον)'인 것입니다. 빠른 동작으로 힘차게 던지지 않으면 안 되는 것입니다. 이는 저들이 열심과 정성을 다해서 자신들의 일을 하는 일꾼들임을 나타낸 귀한 표현입니다.

한편 '그물을 던지다(18절)'에서 던진다는 말은 성경 원어 '발로βάλω'의 번역인데 다소 난폭하거나 격렬한 행위에 있어 다양하게 사용하는 말입니다. 즉 그물을 던질 때 힘차게, 빠른 동작으로 던지는 모습을 나타낸 것입니다.

그런가 하면 '그물을 깁는다(21절)'는 말은 성경원어 '카타르티조(καταρτίζω)'의 번역인데 그 뜻은 '철저하게 정리하다, 완전하게 완성하다'입니다. 즉 그물을 정성들여 철저히 수리하는 모습을 보여줍니다.

자기가 맡은 일을 정성을 다해 철저히 하는 사람에게 좋은 기회가 주어지는 것입니다. 사람 앞에서보다는 하나님 앞에서 철저하게 믿음으로 살아가는 모습이 더욱 소중한 것입니다.

어떤 사람들은 예수께서 무식쟁이들을 제자로 삼으셨다고 빈정거리기도 합니다. 그런가 하면 사도들이 무식했으니 오늘날의 목회자들 역시 학력은 무시해도 상관없다고 말하는 이도 있습니다.

그러나 예수께서 제자들을 부르실 때 자기의 일에 열심을 쏟는 성실한 일꾼들을 부르셨다는 사실을 잊어서는 안 될 것입니다.

4. 좋은 곳에 쓰인 무자비한 손

목사님께 편지를 드리고도 소식이 좀 뜸해서 목사님 신변에 무슨 일이 있으신지 무척 걱정되고 궁금했었습니다. 목사님께서 보내주신 부활절 카드와 책, 4월 19일 반갑게 잘 받아보았습니다. 이제 안심이 됩니다.

이곳에 있는 저도 목사님께서 항상 기도해주시는 덕에 별일 없이 잘 지내고 있으며 요즘도 변함없이 항상 하나님께 예배드리며 생활 잘하고 있습니다.

제가 생활하고 있는 곳은 병동이기 때문에 어렵게 사는 동료들이 있습니다. 며칠 전에 출소한 분이 있는데 나이는 60세 정도이고 혈압이 터져 반신불수의 몸으로 어렵게 생활하고 있었습니다.

이곳에서는 매주 금요일에 온수 목욕을 시켜줍니다. 그런데 이분 목욕 시켜줄 사람을 찾는데 마땅한 사람이 없다는 것이었습니다.

식사 때마다 밥을 퍼주는 동료가 저보고 하는 말이, 그분 목욕시켜줄 사람을 찾아보라고 부장님께서 말씀하셨는데 마땅한 사람이 없다며 제가 항상 하나님께 열심히 예배드리는 것을 보고 저더러 좋은 일 좀 해보라고 권하는 말을 들을 때 목사님 생각이 나더군요.

저의 이 몹쓸 무자비한 손도 좋은 곳에 쓸 수 있는 기회가 있구나 생각하니 마음이 흐뭇하였습니다. 곧 승낙하고 계속 목욕을 시켜 드렸는데 씻겨드릴 때마다 마음이 흡족하고 무척 기뻤습니다.

다시 사회에 복귀하면 목사님 곁에 가서 목사님 하시는 일 저도 함께 하며 살았으면 하는 생각을 하며 요즘 새벽기도 할 때마다 이렇게 기도합니다.

"저도 이제부터 하나님 뜻에 따라 살겠사오니 저의 성격이 더욱 온순하게 해주시고 바른길로만 인도해주시고 제가 항상 잘되게 하여 주시옵소서."

앞으로도 열심히 하나님만 의지하고 믿으며 살겠고, 아무리 힘든 일이라 해도 좋은 일이면 항상 앞장서서 할 것을 마음속에 깊이 다짐했습니다.

목사님 섬기시는 교회와 가내에 항상 주님께서 함께 하시기를 기도합니다.

※ 이 편지를 쓴 우○○ 씨는 16세부터 교도소를 드나들기 시작하여

2020년 세상을 등질 때까지 교도소에서 살다시피 한 사람입니다. 저와는 1986년부터 교제하였습니다만 사회에 적응하는 일이 쉽지 않아 늘 안타까워하던 사람이었습니다.

5. 행복이 가득한 가정

경제성장과 더불어 '상대적 빈곤'이라는 말이 우리 사회에 익숙해졌습니다. 자신의 경제생활 수준을 상류계층과 비교해 보니 스스로 초라함을 느끼게 되는 것입니다.

그래서 자신의 처지를 비관하여 목숨을 버리는 일조차 있으니 과연 그 책임을 사회에 돌려야 할지 아니면 자신에게 돌려야 할지 분간이 서지 않습니다.

그러나 우리 윗대 어른들께서는 비록 가난했을지라도 여유와 낭만이 있는 삶을 살아간 모습을 엿볼 수 있습니다.

그 유명한 방랑시인 김삿갓이 금강산 유람 길에 올랐을 때 어느 가난한 집에서 하룻밤을 묵게 되었답니다. 밥 얻어먹을 것은 아예 처음부터 기대조차 하지 않았지만 주인 영감은 부엌을 향해 밥 한 그릇을 더 주문했더라지요.

가난에 찌든 모습이지만, 그러나 현숙함이 몸에 배어 있는 부인이 다소곳이 저녁상을 들여놓습니다.

귀퉁이가 떨어진 소나무 상 위에 얹힌 것이라나ㅡ. 건더기는 어디로 갔는지 흔적도 없고 얼굴이 훤히 들여다보이는 멀건 죽과 김치 한 보시기가 전부였습니다. 그 정성에 감격해 맛있게 먹은 김삿갓은 다음 날 그 집을 떠나면서 시 한 수를 남겼습니다.

四角松盤粥一器

사각송반죽일기
天光雲影共徘徊
천광운영공배회

主人莫道無顏色
주인막도무안색

吾愛靑山到水來
오애청산도수래

귀 떨어진 네 다리 소반에 죽 한 그릇 달랑 올랐네
하늘과 구름이 어울려 맴도는데
도리가 아니라며 주인은 애석해하지만
염려마소, 원래 청산유수를 내 사랑함이려니

(※청산유수= 물같이 멀건 죽)

찢어질 듯 가난한 살림 속에서도 나그네를 대접할 줄 알고 내외간 금슬
이 더없이 좋으니 이 얼마나 여유만만하며 낭만의 윤기가 흐르는 가정인
가요!

죽 한 그릇 놓고도 중심에서 우러나오는 감사의 기도를 드릴 수 있는 마
음의 여유가 우리 가정에도 있었으면 좋겠습니다.

책임

1. 불가불가(不可不可)

조선 말기, 나라가 어수선할 때 조정의 대신들 사이에는 '不可不可'라는 말이 유행어처럼 쓰였다고 합니다.

임금께서 대신들에게 의견을 물으시면 그들은 한결같이

"불가불가한 줄 아뢰옵니다."

이렇게 대답했답니다.

이때 임금께서 역정을 내시거나 반대파 사람들이 들고일어나

"어째서 그것이 '불가'하다는 말이오?" 하면,

"아니오. 나는 '불가불 가(不可不 可)'하다고 말했소."

이렇게 둘러대고,

"그것이 어째서 '가'하단 말이오?" 하면,

"나는 '불가 불가(不可 不可)'하다고 했소."

이렇게 말하여 책임을 회피했다고 합니다.

결국 나라를 일본에 빼앗기고 온 민족이 참혹한 고통을 겪어야만 했습니다.

책임 있는 행동은 책임 있는 말에서부터 시작되는 것임을 생각할 때 오늘날 목회자들의 말 한마디는 참으로 중요하다는 것을 절실히 느낍니다.

아울러서 '소신 있는 반대'는 오히려 '비판 없는 찬성'보다 나라와 단체를 발전시키는데 큰 몫을 감당한다는 것을 강조하고 싶습니다.

2. 예, 아니오

초등학교 시절 교과서에서 읽은 내용인데 무슨 교과서인지는 기억이 나지 않습니다.

아버지가 아들에게 물었습니다.

"세상에서 가장 어려운 말이 무엇인지 아니?"

"그걸 몰라요. 바로 '들에 콩깍지 깐 콩깍지냐, 안 깐 콩깍지냐.' 이거죠."

아들이 의기양양하여 대답했습니다.

"틀렸다."

"그럼 뭐예요?"

"'예, 아니오', 바로 이것이다. 이것이 세상에서 가장 어려운 말이다."

"말도 안 돼, 그게 뭐가 어려워요?"

"너는 단순히 발음하기 어려운 것만 생각했지. 말에 대한 책임에 관해서는 생각을 못 했기 때문에 그런 대답이 나온 것이다."

그렇습니다. 말하기가 어려운 이유 중에 가장 큰 것은 말에는 책임이 뒤따른다는 것입니다. '不可不可'라는 말에 대해서도 생각해 보았습니다만 상황에 따라 말이 변한다면 그 사람은 신용을 잃게 될 것입니다.

'말에는 반드시 책임이 뒤따르기 때문에 우리는 말 한마디라도 조심해서 해야 할 것입니다.

3. 제비의 새끼 사랑

제가 해남 가곡교회 시무할 때였습니다.

그날은 비가 온종일 내리고 있었는데, 제법 굵은 빗줄기가 이른 새벽부터 그칠 줄 모르고 내렸습니다.

사택 추녀 밑에는 제비 한 쌍이 둥지를 틀고 새끼 다섯 마리를 정성껏 키우고 있었습니다.

먼동이 트자마자 모이를 물어다가 새끼에게 주기 시작한 어미 제비들은 온종일, 번갈아, 비에 날개가 젖어 물이 주르르 흐르는 것을 털어가며 모이를 물어다가 새끼에게 먹이는 것이었습니다.

새끼들은 어미의 수고를 아는지 모르는지 다만 제 입에 모이 하나라도 더 넣어달라고 노란 주둥이를 크게 벌려 아우성을 치고 있었습니다.

저는 비상한 관심을 가지고 어미 제비를 지켜보았습니다. 쉴 틈도 없이 모이를 물어 나르던 어미들은 날이 완전히 어두워 앞이 보이지 않을 때쯤에서야 둥지 곁에 나래를 접는 것이었습니다.

그날 밤, 새근새근 잠들어 있는 아이들과, 피곤한 모습으로 깊이 잠든 집사람을 이윽히 내려다보며 많은 것을 생각했습니다. 그리고 40여 명 되는 성도들을 생각해 보았습니다.

가장으로서 나는 얼마나 정성을 기울여 가족을 돌보았으며, 한 교회를 책임진 목사로서 얼마나 열심과 정성을 다해 일했는지를……

제비의 절반만치도 일하지 못하는, 그야말로 게으르고 나태한 저 자신의 모습이 너무 죄스러워 교회에 나가 엎드렸습니다.

"주님, 이 게으른 종을 용서해 주시옵소서."

4. 어른과 책임

사람이면 다 사람이냐
사람다운 사람이 사람이지.

제가 중학생 시절, 교장 선생님께서는 항상 이런 말씀을 하시며 '사람다운 사람'이 될 것을 강조하셨습니다.

그럼 '사람'이 무엇일까요? 또한 '사람'과 '어른'은 어떤 관계가 있을까요?

우리가 잘 아는 바와 같이 하나님께서 아담과 하와를 창조하시고 그들을 '사람'이라고 일컬으셨습니다.

남자와 여자를 창조하셨고 그들이 창조되던 날에 이름을 사람이라 일컬으셨더라(창 5:2)

이 말씀을 통해서 우리는 몇 가지 중요한 사실을 깨닫게 됩니다.

첫째, '사람'의 뜻을 알 수 있습니다.

1) 성경원어 : 아담

성경원어: 아담(ㅁ◈) = 불그스름한.

① '얼굴을 붉힌다'는 뜻에서 유래.

② 피가 있어서 붉음.

③ 순결과 염치를 아는 동물임을 말해줌.

2) 영어 : Human

① 라틴어 Humus(흙)에서 유래.

② 자신이 티끌임을 아는 존재. 그래서 겸손히 하나님만 의지함.

둘째, '온전한 사람'의 자격은 가정을 이룬 후부터 갖게 됩니다.

아담과 하와는 각자 각자도 '사람'이지만 하나님께서는 두 사람이 가정을 이룬 후부터 '온전한 사람'이 되었음을 선포하셨습니다(창 5:2). 즉 인간이 온전한 '사람'의 대접을 받는 것은 '어른'이 된 이후라는 것입니다.

우리말 '어른'은 '얼다'는 동사에서 생겼는데, 이 '얼다'는 말은 '교혼하다,

'성혼하다'의 고어(古語)입니다. 즉 아무리 나이가 많아도 혼인을 하지 못한 사람은 '어른' 대접을 해주지 않는 것입니다.

'얼다'는 말과 관련하여 재미있는 일화가 있어 소개합니다.

조선 선조 임금 때 임제(林悌)라는 사람이 한우(寒雨)라는 기생과 나눈 시가 오늘날까지도 뭇사람의 입에 오르내립니다. 그 내용을 잠깐 들여다보면 다음과 같습니다.

먼저 임제가 시를 한 수 읊습니다.

북창(北窓)이 맑다커늘 우장 없이 길을 나니
산에는 눈이 오고 들에는 찬 비 온다.
오늘은 찬 비 맞았으니 얼어 잘까 하노라.

한우가 답을 합니다.

어이 얼어 자리 무슨 일 얼어 자리.
원앙침(鴛鴦枕) 비취금(翡翠衾)을 어디 두고 얼어 자리.
오늘은 찬 비 맞았으니 녹아 잘까 하노라.

두 사람의 시에서 핵심 단어는 '찬비'와 '얼다'입니다. '찬비'는 글자 그대로 하늘에서 내리는 '차가운 비'를 뜻합니다만 시에서 품고 있는 뜻은 기생 '한우'를 가리킵니다(寒雨=찬비).

'얼다'는 말은 글자 그대로 '추위로 인하여 신체 또는 그 일부가 뻣뻣하여지고 감각이 없어질 만큼 아주 차가워지다'는 뜻입니다. 그러나 시어로 사용한 '얼다'는 옛날 말로서 '남녀가 잠자리를 함께하는 것'을 뜻합니다.

이쯤 되면 두 사람의 시가 무엇을 뜻하는지 이해하고도 남음이 있을 것입니다.

셋째, 어린아이나 청소년, 혹은 결혼하지 않은 성인(成人)들 모두가 '사람'임에는 틀림없지만 온전한 사람, 즉 '어른'으로 대접받는 시기는 가정을 이룬 후부터라는 것입니다.

남녀가 만나 가정을 이루고 자녀를 낳아 기르는 동안 인생의 달고 쓴맛을 골고루 체험함으로 '사람다운 사람'이 되어 '인생다운 한 평생'을 살게 되는 것입니다.

그러므로 평생 가정을 이루어본 적이 없는 사람은 백 년을 살았다 해도 '어른'으로 대접받지 못하는 것입니다. 그러므로 미혼자는 아무리 훌륭한 사람이라 해도 목사로 임직할 수 없도록 법으로 규정한 것입니다. 물론 다른 이유도 있겠습니다만.

넷째 흔히들 '부부는 한날한시에 어른이 되었다'는 말을 합니다.

예를 들어서 50살 된 남자와 20살 된 여자가 결혼을 했다고 가정할 경우, 남자가 여자보다 30살이 많다고 해서 먼저 어른이 된 게 아니라는 것입니다.

왜냐하면 두 사람은 한날한시에 '얼었기' 때문입니다.

다섯째 목회자들은 모두 '어른'입니다.

어른에게는 권리보다는 의무와 책임이 더 크다는 사실을 잊어서는 안 될 것입니다. 남편으로서의 책임과 의무, 부모로서의 책임과 의무 등은 이 세상에서 지고 있는 그 어떤 책임과 의무보다 더 무겁고 큰 것임을 우리는 잘 알고 있습니다.

이렇게 무겁고 큰 책임과 의무는 '어른'이 아니고서는 결코 감당할 수 없는 것입니다.

여섯째 '얼다'가 남녀간의 성적 교합을 뜻하는 것이지만 여기서 관형형을 취한 명사 '어른'이라는 고운 말이 생겨난 것처럼, 처음 남녀가 결합할 때는 성적 관심이 크지만 곧 가장이나 부모로서의 책임(의무) 이행에 더 큰 관심을 가지는 '어른'이 되는 것입니다.

오늘날 목회자들이 하나님의 종으로서의 책임과 의무를 이행할 생각보다 '어른'으로서 누릴 권리만 계산한다면 그는 게으르고 나태한 종이 되어 주님으로부터 준엄한 책망을 받을 수밖에 없을 것입니다.

5. 교회에 등 돌리는 사회

지난 2001년 3월부터 KBS 2TV에서 방영된 드라마 '천둥소리'는 최초의 국문소설인 홍길동의 저자 허균을 주인공으로 등장시킨 작품입니다.

'천둥소리'에는 국문학상 중요한 인물들이 등장하는데 허균을 비롯해서 이달, 권필, 그리고 매창 등이 그 사람들입니다.

허균은 최초의 국문소설 작가라는 점에서 중요한 위치를 차지하거니와 이달은 호를 손곡이라고 하는데 허균의 문학에 많은 영향을 끼쳤습니다. 그뿐만 아니라 백광훈 최경창 등과 더불어 삼당시인(三唐詩人)으로 널리 알려진 사람입니다.

권필은 정철의 문인으로 자는 여장이고 호는 석주라고 했습니다. 야인으로 일생을 마쳤으며 소설 『주생전』을 남겼습니다.

매창은 부안 기생으로 개성의 황진이와 더불어 조선 명기의 쌍벽을 이루는 인물입니다. 본명은 향금, 자는 천향이며 매창(梅窓)은 호입니다.

매창의 시는 재치 있고 정감이 넘치면서 한국적 특유의 인고의 성정으로 가득 차 있습니다. 매창의 작품은 서울대학교 도서관 가람문고에 필사본 1책이 있으며 하버드대학 도서관에도 소장되어 있습니다.

취객들로부터의 위기를 시로 모면했다는 증취객(贈醉客)은 시화에 가장 많이 전하는 시입니다.

취한 손님이 명주저고리 자락을 잡으니
손길 따라 저고리 찢어졌네
명주저고리야 아깝지 않아도
님의 은정 끊길까 두렵다네

그런데 손곡 선생과 권필이 임진왜란을 맞아 부안에서 싸울 때 매창을 탐내는 사또에게 곤욕을 치른 일이 있습니다. 그때 권필은 썩어빠진 관리들이 득시글거리는 조정을 향해 분통을 터뜨립니다.

"나는 이 나라를 위해서는 절대로 싸우지 않겠다."

썩어빠진 관리 때문에 많은 애국자가 조국에 등을 돌리게 되었던 것입니다.

교회를 보는 이 시대 사람들의 시각이 꼭 권필과 같지 않은가 싶어 두렵습니다. 교회 밖의 사람들뿐만 아니라 교회 안의 사람들까지도 적개심을 품고 교회를 떠나는 예가 너무 많아 가슴이 아픕니다.

일제의 핍박 속에서나 공산치하의 무서운 총칼 앞에서 나라를 지키는 데 제일 앞장선 것은 바로 기독교였습니다. 그뿐만 아니라 우리나라 초대교회 때는 '경찰서 열 개 짓는 것보다 교회 하나 세우는 것이 더 낫다.'고까지 하였습니다.

이러한 기독교가 사회의 공해(公害)가 되고 공적(公敵)이 되다니, 참으로 안타까운 일이 아닐 수 없습니다.

표현이 지나친 것 같아 죄송한 마음 금할 수 없습니다만, 그러나 저는 그런 사람들을 참으로 많이 보았습니다. 목사를 모두 도둑놈으로 매도하는 사람들이 너무 많아서 놀란 적이 있습니다.

물론 지탄의 대상이 되는 교회나 목회자보다는 빛과 소금의 사명을 감당하는 교회가 더 많은 것이 사실이라 해도 그것으로 우리의 변명과 위로를 삼을 수는 없는 것입니다.

세상은 교인 한 사람, 혹은 소수 교회의 실수를 가지고 전체 교회를 싸잡아 비난하기 때문입니다.

6. 삯꾼이라도 돼라?

'일꾼이 못 될 바에는 삯꾼이라도 돼라.' 하는 말이 목회자들, 특히 부흥회를 인도하는 사람들에 의해서 강조되던 때가 있었습니다. 그러나 이 말은 성도들에게는 매우 적절하지 못한 표현임을 모르고 하는 말입니다.

개역성경에는 '삯꾼'이라는 말이 구약에서 1회(레 25:53), 신약에서 3회(막 1:20, 요 10:12, 13), 모두 4회 사용되었는데 그 뜻은 '임금을 받고 일하는 사람' 즉 '고용인'입니다. 영어 표현으로는 'hired servant'이며 'hire'의 유사어로 'employ'와 'engage'가 있는바 다음과 같이 구별됩니다.

(MINJUNG'S Essence ENGLISH - KOREAN DICTIONARY, 1992).

hire→ '돈을 지불하고 그 서비스를 독점한다'는 점이 강조됨.

employ → '고용인을 부리고 있다'는 점이 강조됨.

engage → 고용인을 '계약으로 묶어 놓았다'는 점이 강조됨.

한국 교회가 즐겨 쓰는 '사역자'가 곧 '삯꾼'이며, '삯꾼'의 사전적 의미는 '삯을 받고 임시로 일하는 일꾼'입니다(표준국어대사전).

우리말을 잘 모르는 사람들이 '일꾼이 못 될 바에는 삯꾼이라도 되라'고 주장하지만 이 말은 교회가 사용해서는 안 될 말입니다.

예수님께서도 삯꾼을 책망하셨으며(요 10:12-13), 삯꾼은 붙박이 일꾼을 가리키는 데는 쓰이지 않고 필요할 때마다 임시로 고용하는 품꾼을 가리킬 때만 쓰이는 말입니다. 또한 삯꾼은 주로 육체노동을 하는 대가로 임금을 받는 사람을 가리키는 말입니다. 따라서 '삯꾼'과 가장 가까운 말이 '사역자'입니다.

'삯꾼'은 고도의 지식과 고상한 염려와 폭넓은 사랑과 희생을 바탕으로 일하는 목회자들에게는 어울리지도 않는 말입니다.

하물며 '하나님의 사역, 예수님의 사역, 성령님의 사역' 등의 표현을 함부로 사용하여 성삼위 하나님을 삯꾼이나 부리는, 혹은 하나님을 삯꾼으로 만드는 불경을 저질러서는 안 될 것입니다.

충성

1. 불굴가(不屈歌)

가슴팍 구멍 뚫어 동아줄로 마주 꿰어
앞뒤로 끌고 당겨 감기고 쏠릴망정
임 향한 그 굳은 뜻을 내 뉘라고 굽히랴.

이방원이 '하여가'를 읊었을 때 정몽주는 '단심가'로 대답한 사실을 우리는 잘 알고 있습니다.

그러나 정몽주의 '단심가'에 이어 문무雙벽의 충절가라고 할 수 있는 '불굴가'를 아는 사람은 별로 없는 것 같습니다.

무신의 곧은 절개가 절절히 맺혀있는 '불굴가'를 읊은 사람은 변안열(邊安烈) 장군입니다. 장군은 원나라 사람으로, 노국 공주가 고려의 공민왕에게 시집올 때 호위의 총책임을 지고 따라왔습니다.

공민왕 11년에 홍건적을 격파한 것을 비롯하여 제주를 평정했고 부안에서 왜구를 격파했으며 수원과 해주 등지에서도 왜구를 격파하여 혁혁한 공을 세웠습니다. 특히 이성계와 함께 운봉에서 큰 전공을 세웠는데 이를 황산대첩이라고 합니다.

위화도회군에 가담했으나 이성계의 역성혁명에 반대하여 이색, 조민수 등과 고려 부흥을 꾀하다가 역적으로 몰려 죽임을 당했습니다. 이성계는 장군을 회유하려 했지만 '나는 고려를 섬기러 왔지 이씨를 섬기러 오지 않았다.'고 끝까지 주장하여 이성계로 하여금 탄식을 금치 못하게 했습니다.

최영 장군에 뒤지지 않는 용맹과, 정몽주 못지않은 충절을 지킨 충신이었지만 정인지가 고려사에 간신으로 기록한 것이 후세에 명성을 악화시킨 요인이 되고 말았던 것입니다.

장군과 함께 고려에 온 조카 숙(肅)은 장군이 죽자 백천(황해도)에 들어가 동네 이름을 물굴리(勿屈里=이성계에게 굴복하지 않는다는 뜻)라 하고 마을 이름을 모려촌(慕麗村=고려를 사모함)이라 하였으며 자손들에게는 3대에 이르기까지 벼슬하지 말 것을 명했습니다.

숙은 정몽주를 스승으로 하여 사사했는데, 고려가 망하고 장군이 죽자 정몽주를 찾아갔습니다.

"자네들은 어찌할 건고?" 하는 물음에

"남아가 죽으면 죽을 뿐입니다."

하여 굳은 뜻을 지켰습니다.

'충성'의 본뜻은 '자기 자리를 떠나지 않는 것'이라고 합니다. 물론 '옳은 일'을 전제로 했을 때 말입니다. 불굴의 정신으로 자기 자리를 굳게 지키는 종들이 참으로 아쉬운 때 '충성의 도'를 한번 생각해 보았습니다.

2. 우리 아배 참봉 나으리

'파락호'란, 재산이 있거나 세력이 있는 집안의 자손으로서 집안의 재산을 몽땅 털어먹는 난봉꾼을 이르는 말입니다. 조선의 대표적 파락호를 꼽으라면 잠룡 시절의 흥선대원군을 떠올리는 사람이 많을 것입니다.

흥선대원군이 파락호 행세를 한 것은 몰락한 왕족의 회복을 위한 눈가림이었지만 진정 나라를 위해 죽을 때까지 파락호로 산 사람이 있었으니 김용환이 바로 그분입니다.

김용환(金龍煥 1887~1946)은 유년 시절 할아버지가 사촌인 의병대장을 다

락에 숨겨줬다는 이유로 왜경에게 무릎을 꿇고 수모를 당하는 모습을 보고 원한에 사무쳐 몸을 떨었습니다.

그 뒤부터 김용환은 파락호로 전락해 버리고 말았습니다. 노름판이라는 노름판은 다 찾아가 끼어들었고 밤새도록 노름을 하다가 마지막 판에는 있는 돈을 몽땅 걸고 판을 벌였습니다.

다행히 자기가 따면 좋거니와 그렇지 않을 경우 잠복해 있는 친구들을 불러들여 판돈을 몽땅 강탈해 갔습니다.

그러나 그 돈은 다 어디로 갔는지도 모른 채 김용환의 집은 거덜이 나고 말았습니다. 종손이었던 용환은 막대한 종가 재산까지 다 말아먹고 말았던 것입니다.

심지어는 무남독녀 외동딸이 시집갈 때 혼수품 장만으로 마련한 돈까지 노름으로 날려버리고 말았다고 합니다.

그런데 김용환의 진면목이 드러난 것은 그가 세상을 떠난 후였습니다. 탈상 때 제문을 읽던 친구가 김용환과의 약속을 깨고 그간의 비밀을 모두 밝혔기 때문이었습니다.

노름판에서 탈취한 돈은 말할 것도 없고 거덜이 난 문중의 재산까지 모두가 독립군의 자금으로 쓰였던 것입니다. 그러면서도 김용환은 문중 재산을 말아먹은 난봉꾼의 불명예를 죽을 때까지 혼자서 짊어졌으니 그 가슴인들 오죽이나 안타까웠겠습니까.

1995년 8월 15일 대한민국 정부는 이 파락호에게 건국훈장 애족장을 추서했습니다. 아버지 건국훈장이 추서되던 날 큰어머니의 헌 장롱을 가지고 시집갔던 외동딸은 '우리 아배 참봉 나으리'라는 글을 남겼습니다.

그럭저럭 나이 차서 십육 세에 시집가니
청송 마평서씨문에 혼인은 하였으나

신행 날 받았어도 갈 수 없는 딱한 사정
신행 때 농 사오라 시댁에서 맡긴 돈
그 돈마저 가져가서 어디에 쓰셨는지?
우리 아배 기다리며 신행 날 늦추다가
큰어매 쓰던 헌롱 신행 발에 싣고 가니 주위에서 쑥덕쑥덕
그로부터 시집살이 주눅 들어 안절부절
끝내는 귀신 붙어왔다 하여 강변 모래밭에 꺼내다가 부수어 불태우니
오동나무 삼층장이 불길은 왜 그리도 높던지
새색시 오만 간장 그 광경 어떠할꼬.
이 모든 것 우리 아배 원망하여 별난 시집 사느라고 오만 간장 녹였더니
오늘에야 알고 보니 이 모든 것 저 모든 것
독립군 자금 위해 그 많던 천석 재산 다 바쳐도 모자라서
하나뿐인 외동딸 시댁에서 보낸 농값 그것마저 바쳤구나.
그러면 그렇지 우리 아배 참봉 나으리.
내 생각대로 절대 남들이 말하는 파락호 아닐진대
우리 아배 참봉 나으리.

3. 주인을 살린 개 오수(獒樹)의 충견

흔히 은혜도 모르고 제 욕심만 챙기는 사람을 일컬어 '개만도 못한 놈'이라는 말로 비하하여 표현합니다.

그런가 하면 '개도 사흘을 먹이면 주인을 알아본다.'는 말로 배은망덕한 사람을 꾸짖습니다. 일반적으로 개는 '충성스러운 동물'로 인식되기 때문입니다.

그런데 특별히 '의견(義犬)'이니 '충견(忠犬)'이니 하여 널리 기리는 개가 있습니다. 그중의 하나가 '오수(獒樹)의 충견'입니다. 고려 시대의 문인 최자

(崔滋)가 1230년에 쓴 『보한집(補閑集)』에 그 이야기가 전해집니다.

인터넷에 올라 있는 내용을 여기 옮깁니다(cafe.daum.net/loveimsil/2jaA/202. 2006.6.28)

오수의 지명이 전해주듯 이곳은 충심 있는 개의 이야기로 유명하고 이 이야기는 교과서에 수록될 정도이다.

본래 오수 의견비 이야기는 구전으로 내려와 심병국 씨가 유래를 찾았다. 언론인 백남혁 씨가 고려 악부의 견문곡과 보한비의 의견비에서 나타난 이야기가 바로 오수와 밀접한 관계를 갖고 있음을 알아내고 가람 이병기 박사에게 고증을 받음으로써 이 마을이 「보은(報恩)의 개」마을이었음이 밝혀졌다. 지금도 오수리 시장내 원동산 공원에는 의견비가 서 있어 주인을 위해 죽어간 개의 충절을 위로하고 있다.

지금부터 1천 년 전 신라시대 거령현, 오늘날의 지사면 영천리에 김개인(金蓋仁)이라는 사람이 살고 있었다. 그는 개 한 마리를 기르고 있었는데 개를 몹시 사랑하였으며 어디를 다닐 때면 항상 데리고 다녔다. 먹을 때도 같이 먹고 그림자처럼 함께 다니면서 생활하였고 그 개 역시 그를 충성으로 따랐다.

그러던 어느 해 이른 봄, 그는 개를 데리고 장이 선 오수로 놀러 나갔다. 그런데 그는 너무나 술을 좋아하여 친구들과 한잔 두잔 기울이다가 그만 날이 저물어버렸다. 그는 몹시 취한 채 집으로 가다가 몸을 가누지 못하여 그만 잔디밭에 쓰러져 깊은 잠에 빠지고 말았다.

개는 주인이 잠에서 깨어나기만 기다리며 쪼그리고 앉아 주위를 살피면서 지키고 있었다. 그때 부근에서 들불이 일어 나 부근에 번지고 있었다.

개는 주인을 입으로 물고 밀면서 깨우려고 온갖 지혜를 다 짜냈다. 그러나 술에 곯아떨어진 주인은 주위의 불길도 아랑곳없이 깨어날 줄 모르고 있었다. 뜨거운 불길이 점점 주인의 옆에까지 번져오자 개는 불을 끌 수 없음을 깨닫고 가까운 냇물로 쏜살같이 달려가 온몸에 물을 흠뻑 묻혀와 잔디를 적시기 시작했다.

수십, 수백 번을 이렇게 왔다 갔다 하여 잔디는 물에 젖고 싸늘함을 느낀 주인은 잠에서 깨어날 수 있었다. 그러나 힘이 쑥 빠진 개는 주인의 옆에서 쓰러져 죽고 말았다.

주위를 둘러본 후 사건의 전말을 알게 된 김개인은 몸을 바쳐 자기를 구해준 개를 부여안고 크게 원통해 하였다. 주인은 개를 장사지낸 뒤 이곳을 잊지 않기 위해 개의 무덤 앞에 평소 자기가 지니고 다니던 지팡이를 꽂아두고 그 자리를 떠났다.

얼마 후 지팡이에 싹이 돋기 시작하더니 하늘을 찌를 듯한 느티나무가 됐고 그때부터 그 나무를 오수라 하였고 그것이 이 고장 이름으로 정착되었다. 그 개의 충성심을 길이 기리기 위해 건립했던 의견비는 문자마저 마멸돼버려 1955년에 다시 세웠고 이 뜻을 전국에 알리기 위해 면의 명칭도 둔남면에서 오수면으로 1992년 8월 10일 바꾸었다. 1994년 4월 3일 춘향도로 국도변에 김개인과 의견상을 건립하였다.

다음은 영어 위키 백과에 실린 내용입니다.
쉬운 단어로 되어 있어서 중3 정도의 실력이면 해독이 가능하리라고 봅니다.

According to the book Bohanjip (보한집;補閑集) written by a Goryeo-era writer Choi Ja (최자:崔滋) in 1230, a man named Kim Kae In (김개인:金蓋仁) residing in Kyeorung-Hyun(거령현) (modern day Imsil-Gun (임실군), Osu-Myun (오수면), Jeolla province) of Korea had a very loyal dog. One day, Kim went to a party at a nearby town with his dog, got very drunk, and fell asleep on a nearby grassland on his way home. At that time, a forest fire started near the place where Kim was sleeping.

The loyal dog, that could not wake up his owner but still kept trying to save his life, soaked himself in a nearby stream and extinguished the fire near Kim. The dog repeated this behavior until he saved Kim's life, but died of burns. Kim woke up after a while and found that there was a fire and that his dog was burnt to death near him, but that the grassland on and around which he slept was still wet, safe from the fire. Kim realized what his dog had done for him, cried bitterly, buried his dog in a nearby sunny place, and stuck his walking staff in front of the grave instead of a tombstone. The story states that the wooden staff became a very large tree after several years, resulting in the name of the story (the Tree of a Dog). There still stands a huge tree in Osu-Myun to this day, aged about a thousand years.

4. 충견 이야기 또 하나

충견에 관한 이야기는 우리나라뿐만 아니라 외국에서도 많이 전해지고 있습니다. 그 대표적인 예가 바로 '프란다스의 개' 이야기입니다만 오늘은 다른 이야기를 할까 합니다.

제가 초등학교 시절 도덕 교과서에 실린 내용입니다만 아직도 기억에 생생한 걸 보면 어린 시절의 감동이 꽤나 컸던가 봅니다.

외국 어느 마을에 금실 좋은 내외가 살고 있었습니다. 어린 남매를 기르며 행복하게 살았습니다. 그 집에는 강아지도 한 마리 있어서 식구가 되어 가족의 대우를 받으며 튼튼하게 자랐습니다. 보기에도 늠름한 큰 개가 되었습니다.

아빠는 아침 일찍 먼 곳에 가서 일을 하고 저녁에 돌아옵니다. 엄마는 집안 살림을 열심히 하며 아이들을 잘 기릅니다. 저녁이 되면 엄마는 따뜻한 밥을 지어놓고 아빠를 기다립니다.

집 앞에는 너른 들판이 펼쳐있고 들판 끝은 산으로 이어집니다.

어느 날이었습니다. 그날따라 아이들은 아빠가 보고 싶었습니다. 아빠가 돌아올 때쯤 돼서 마중을 나갑니다. 아빠는 항상 산을 넘어 들판 길로 왔습니다.

얼마쯤 가던 아이들은 "아빠!"하고 불러봅니다. 어디서 '아빠!' 하고 대답을 합니다. 그것이 메아리라는 것을 아이들은 아직 모를 때입니다. 아빠가 가까이서 대답하는 줄로만 생각한 아이들은 '아빠'를 부르고 메아리의 대답을 들으며 들판을 지나 산길에 들어섰습니다.

왠지 무섭다는 생각이 들었습니다. 큰 소리로 "아빠!" 하고 불러봅니다. "아빠!" 하는 메아리가 아주 가까이서 들립니다. 아빠가 아주 가까이 온 줄로 생각한 아이들은 산길을 자꾸만 올라갑니다.

한편 집에서는 난리가 났습니다. 그렇게도 얌전하게 목줄에 매인 채 엎드려 있던 개가 산을 향하여 마구 짖어대는 것이었습니다. 목줄을 끊으려고 발버둥을 칩니다. 엄마는 개가 장난을 치고 싶어서 그러는 줄 알고 빗자루로 개를 때렸습니다.

다른 때 같으면 꼬리를 사리고 제집으로 들어가던 개였는데 그날따라 막무가내로 산을 향해 짖어대며 발버둥을 치는 것이었습니다.

날은 이미 어두워지기 시작했습니다. 그때 마침 아빠가 돌아왔습니다. 그날따라 아빠는 평소에 오던 길로 오지 않고 다른 길로 왔기 때문에 아이들을 만나지 못했습니다. 아빠를 본 개는 반갑다고 꼬리를 치면서도 여전히 짖어대며 발버둥을 칩니다.

"여보, 아이들은 어디 있소?"

아빠가 엄마에게 물었습니다.

"모르겠네요. 조금 전까지 밖에서 놀았는데요."

순간적으로 사태가 심상치 않음을 직감한 아빠는 개의 목줄을 끌러주었습니다. 목줄에서 풀려난 개는 산을 향하여 쏜살같이 달려갑니다. 아빠는 도끼를 움켜쥐고 개의 뒤를 따라서 달려갑니다.

한편, 날이 어두워지는 것도 모른 채 아이들은 자꾸만 산으로 올라갔습니다. 산 중턱쯤 이르렀을 때였습니다. 웬 커다란 개 한 마리가 아이들의 앞을 가로막았습니다. 아이들은 그것이 개인 줄 알았지만 사실은 늑대였습니다.

늑대가 눈에 불을 켜고 아이들에게 다가옵니다. 겁에 질린 아이들은 엄마를 부르며 울기 시작했습니다. 아이들 주위를 빙빙 돌던 늑대는 급기야 "으르렁!" 소리를 내며 아이들을 덮치려 했습니다.

그때였습니다. 쏜살같이 달려온 개가 늑대에게 달려들었습니다. 개와 늑대의 목숨을 건 싸움이 시작되었습니다. 늑대보다 몸집이 작은 개는 늑대를 당해내기가 어려웠습니다. 개는 수없이 물려서 온몸이 피로 얼룩졌지만 필사적으로 달려들어 아이들을 늑대에게서 보호했습니다.

도끼를 움켜쥔 아빠가 숨을 헐떡이며 달려왔습니다. 기회를 엿보던 아빠는 늑대를 도끼로 내려쳤습니다. 결국 늑대는 땅바닥에 쓰러지고 말았습니다.

아빠는 피투성이가 되어 쓰러져 있는 개를 끌어안았습니다. 개는 가쁜 숨을 몰아쉬면서 힘없는 눈으로 아빠를 쳐다보며 꼬리를 들썩였습니다. 그 눈에는 아이들이 무사해서 다행이라는 안도의 빛이 역력히 드러나 있었습니다. 몇 번 꼬리를 흔들며 아빠를 쳐다보던 개는 그만 눈을 감아버리고 말았습니다.

　개를 둘러메고 아이들과 함께 집으로 온 아빠는 개를 양지바른 곳에 묻어주었습니다. 개의 무덤 앞에는 '주인을 살린 개의 무덤'이라는 팻말을 세워 주었습니다.

화목

1. 형제와 화목

그러므로 예물을 제단에 드리다가 거기서 네 형제에게 원망 들을만한 일이 있는 줄 생각나거든 예물을 제단 앞에 두고 먼저 가서 '형제와 화목'하고 그 후에 와서 예물을 드리라(마 5:23-24)

1) 형제라는 글자

'형제'란 글자 그대로 '형과 아우' 혹은 '동기'를 의미하는 단어입니다. 그런데 '형제'를 이루는 요소 중에서 빠질 수 없는 것이 '혈연관계'라는 것입니다. 물론 '의형제'라는 말도 있습니다만 그것은 제외하고 말입니다. '형제'를 나타내는 성경 원어는 '아델포스ἀδελφός'인데, 이 단어는 'α 알파=연합'+'δελφύς델퓌스=자궁'의 구조로 되어 있어서 '같은 태를 가른 사람' 즉 혈연관계가 강조된 단어입니다.

한 어머니의 태를 가르고 나온 '형제'는 세상에서 다시없이 가까운 존재이며 끊으려야 끊을 수 없는 관계인 것입니다. 이처럼 '성도'들은 예수님의 '보배 피'를 함께 나누어 가진 각별한 관계임을 명심한다면 교인끼리서로 싸우거나 네 교회 내 교회 쟁탈전을 벌이는 일 등은 많이 줄어들 것입니다. 더구나 목회자들끼리 서로 싸우는 일은 거의 사라질 것이라고 생각합니다.

2) 화목이란 단어

'화목'이라는 단어는 신약성경에서 네 가지로 쓰였습니다.

　① 디알라쏘(διαλλάσσω) = 철저하게 변화시키다, 화해하다(마 5:24)

② 카탈라게(καταλλαγή) = (하나님의 은총으로)회복, 대속, 화목(롬 5:11, 11:15,고후 5:20)

③ 아포카탈라쏘(ἀποκαταλλάσσω) =전적으로 화해하다(엡 2:16, 골 1:20)

④ 에이레네포이오스(εἰρηνοποιός) = 화평한(막 9:50, 행 12:20, 살 5:1)

위의 경우 '① ② ③' 모두 '알라쏘(ἀλλάσσω= 다르게 만들다, 변경하다)'라는 동사에 '디아(δια)'와 '카타(κατα)'라는 전치사가 합해서 이루어진 단어라는 사실을 알 수 있습니다.

'디아(δια)'는 이쪽과 저쪽을 수평으로 관통하는 의미를 가진 전치사로서 '~을 통하여', '~때문에' 등의 뜻이 있습니다. 그러므로

'① 디알라쏘(διαλλάσσω)'는 인간과 인간 사이의 화목이 강조된 단어입니다. 즉 하나님의 은혜로 철저히 변화되어 이웃끼리 화목한 생활을 하는 것을 의미합니다.

그런가 하면 '카타(κατα)'는 어떤 행위가 위에서 아래로 영향을 미치는 경우를 나타내는 전치사로서 '~에 대하여, ~에 의하여' 등의 뜻이 있습니다.

'② 카탈라게(καταλλαγή)'의 동사형인 '카탈라쏘(καταλλάσσω)는 하나님과 인간 사이의 화목을 나타낼 때 쓰였는데, 신이신 하나님께서 엄청난 간격(상이점)을 초월하시고 화목을 이루신 것을 나타낼 때 사용되었습니다. '화목'은 마음과 생각이 '하나'로 묶일 때 가능한 것인데, 이것을 강조한 단어가 '에이레네포이오스(εἰρηνοποιός)'입니다. 그런데 이 단어는 '에이레네(εἰρηνη= 평화, 번영, 하나가 됨)' + '포이에오(ποιεω= 산출하다, 행하다)'의 구조로 되어 있어서 '마음과 생각'이 하나로 묶일 때 비로소 진정한 화목을 이룰 수 있다는 것을 강조하고 있는 것입니다.

십자가가 수직선과 수평선으로 이루어진 것은 '하나님과 인간', '인간과 인간'을 연결해 주는 것이기 때문입니다.

희생

1. 오봉 선교사

초등학교 때인지 중학 시절인지 확실하지 않습니다만 교과서에 '오봉 선교사'에 대한 이야기가 실려 있었던 것을 기억합니다.

오봉은 산골 오지에 들어가 복음을 전했습니다. 대단한 믿음과 열정으로 전도하여 부족의 신임을 얻었는데 마침내 그 부족의 추장으로 추대되었습니다.

그런데 당시의 부족들은 해마다 다른 부족 사람의 머리를 잘라 자신들의 신에게 제사하는 악습이 있었습니다. 오봉이 아무리 설득하고 복음을 제시해도 사람들은 그 악습을 버리지 못한 채 끔찍한 짓을 계속하고 있었습니다.

그러던 어느 해였습니다. 그해에도 악습을 버리지 못한 사람들이 인신 제사를 준비하고 있었습니다. 오봉은 안타까운 마음으로 하나님께 간절히 기도드렸습니다.

"하나님 아버지, 어떻게 하면 이 부족의 악습을 고칠 수 있겠나이까."

기도할 때 주님의 음성이 들렸습니다.

"네가 제물이 되어라."

드디어 제삿날이 하루 앞으로 다가왔습니다. 오봉은 부족 대표들을 불렀습니다.

"내일 새벽에 어느 산길을 지키고 있으면 붉은 옷을 입고 붉은 모자를 쓴 사람이 맨발로 지나갈 것이니 그 사람을 잡아서 제물로 바치시오."

부족 대표들은 오봉의 지시대로 산길을 지켰습니다. 과연 새벽녘에 붉은 옷을 입고 붉은 모자를 쓴 사람이 맨발로 지나가고 있었습니다. 부족 대표들은 다짜고짜 그 사람을 잡아 목을 잘랐습니다.

그러나 모자를 벗기고 죽은 사람의 얼굴을 본 부족 대표들은 그만 기겁하고 말았습니다. 자신들이 제물로 쓰려고 목을 자른 사람이 다름 아닌 추장 오봉 선교사였기 때문이었습니다.

이후로 인신제사의 악습은 완전히 사라졌고 그 지역 사람 거의가 예수님을 믿게 되었다고 합니다.

2. 어머니의 희생

초등학생 때 어떤 잡지에서 읽은 내용입니다.

어떤 소녀가 있었습니다. 너무 오래되어서 이름이 기억나지 않으니 성경에 있는 이름 중 하나를 빌려서 안나라고 부르겠습니다.

안나는 초등학교 5학년이었는데 발레에 소질이 있어서 곧 있을 전국 초등학생 발레 선수권 대회를 앞두고 연습에 매달려 있었습니다. 학교 수업이 파하고 연습이 끝나면 집으로 돌아오는데 안나는 일부러 먼 길을 돌아서 집으로 옵니다. 그것도 누구 아는 사람이나 친구들 눈에 띄지 않게 유심히 살피면서 말입니다.

그렇게 집으로 온 안나는 어머니에게 인사도 하지 않을 뿐 아니라 눈도 마주치지 않으려고 외면을 합니다.

"배고프겠다. 얼른 손 씻고 밥 먹어라."

어머니가 다정스럽게 말해도 안나는 대꾸조차 하지 않습니다. 그런 안나를 보는 어머니의 눈에 이슬이 맺힙니다. 안나가 일부러 먼 길을 돌아서 집으로 오는 이유가 전적으로 엄마인 자신에게 있다는 것을 잘 알기 때문입니다.

어머니는 언제나 수건을 머리에 쓰고 있습니다. 광주리를 머리에 이고 장사를 나갈 때는 물론이고 집에 와서도 머리에서 수건을 벗지 않습니다. 심지어 잠을 잘 때조차도 어머니는 수건을 쓴 채 잠이 듭니다.

어머니는 머리카락이 거의 없습니다. 수건을 벗으면 그야말로 문어를 연상하리만치 흉한 모습이 나타납니다. 그것도 불에 구운 것 같은 머리입니다.

안나는 그게 싫은 것입니다. 엄마가 남루한 옷을 입은 채 광주리를 이고 다니는 모습을 친구들이 보는 것도 부끄러웠지만 더욱 창피한 것은 수건 속에 감추어진 엄마의 머리입니다.

전국 발레 선수권 대회를 한 달 정도 앞둔 어느 날이었습니다. 학교에서 돌아와 보니 아주 세련되고 예쁜 아줌마가 안나를 맞이하는 것이었습니다.

"우리 안나 이제야 오는구나. 오늘 연습 잘했니? 어서 손 씻고 밥 먹어라."

안나는 어떻게 된 영문인지를 몰라 한동안 어리둥절했습니다.

"아줌마는 누구세요?"

"으응, 나는 네 이모란다. 느네 엄마가 먼 데로 장사를 갔기 때문에 당분간은 못 오실 거야. 그동안 내가 엄마 대신 너를 돌봐 주기로 했어."

"그게 정말이에요?"

안나는 기분이 매우 좋았습니다. 이렇게 세련되고 예쁜 이모가 있었다니, 누구한테도 들어 본 일이 없지만 아무튼 이모가 돌봐 준다니 그렇게도 좋을 수가 없었습니다.

예쁜 이모가 돌봐 주는 것만도 좋아서 어쩔 줄 모르겠는데 이모는 값비싼 발레복까지 사 주었습니다. 발레복을 처음 입어 본 안나는 그야말로 한 마리의 학이 되어 훨훨 날 것 같은 기분이 들었습니다.

안나는 신이 나서 발레 연습에 몰두합니다. 이제는 집으로 올 때 멀리 돌아서 오지도 않습니다. 오히려 친구들을 집으로 초대해서 이모를 보여 주고 싶지만 대회 날짜가 임박했기 때문에 그렇게 하지 못하는 것이 얼마나 서운한지 모릅니다.

드디어 시합 날이 되었습니다.

안나는 이모가 사 준 발레복을 입고 멋지게 춤을 추었습니다. 어디서 그런 힘이 나는지 모르게 안나는 발레에 흠뻑 빠져 있었습니다. 마치 한 마리의 학이 무대 위에서 우아한 모습으로 춤을 추고 있는 것 같았습니다.

어떻게 춤을 추었는지, 언제 춤을 마치었는지도 모르게 안나의 순서가 끝났습니다. 자신의 춤에 도취해 버린 안나의 귀에는 장내가 떠나갈 듯한 박수 소리조차도 들리지 않았습니다.

드디어 심사위원장이 심사 결과를 발표하려고 단상에 올랐습니다.

"1등! 유안나!"

장내는 박수 소리와 환호성으로 소란스럽기 이를 데 없었습니다. 안나가 이모와 함께 단상으로 올라갔습니다. 그때 이모가 심사위원장에게 무어라고 속삭이더니 마이크를 받아들었습니다.

"잠시 드리고 싶은 말씀이 있어서 이렇게 단위에 올라왔습니다. 저는 안나 엄마가 아닙니다. 안나에게는 이모라고 했지만 사실은 이모도 아닙니다. 안나 엄마의 고등학교 동창인 친구일 뿐입니다. 안나 엄마가 이 자리에 나오지 못한 이유는 이렇습니다. 안나가 아기였을 때 집에 불이 났습니다. 엄마는 안나를 구하러 불 속에 뛰어들었습니다. 다행히 안나를 무사히 구했지만 엄마는 머리에 큰 화상을 입었습니다. 그래서 엄마는 언제나 수건을 쓰고 장사를 다녔습니다. 심지어 잠을 잘 때도 수건을 벗지 않았습니다. 안나 엄마가 저에게 부탁을 했습니다. 안나의 시합이 끝날 때까지만 이모가 되어 달라고 말입니다. 안나 엄마는 이런 얘기를 절대로 하지 말라고 신신당부를 했지만 저는 이 이야기를 하지 않을 수 없습니다. 어머니의 고귀한 희생을 우리 모두가 알아야 될 것이라고 생각했기 때문입니다."

이모가 말을 끝내고 관중을 향해 인사를 했을 때 관중들은 물론이고 심사석에 앉아 있던 사람들도 모두 일어나서 우레와 같은 박수를 보냈습니다. 안나 어머니에게 보내는 박수였습니다.

안나는 상패와 꽃다발을 안은 채 그만 엉엉 울고 말았습니다. 그런 안나를 향한 격려와 축하의 박수 소리가 거세게 장내를 뒤흔들었습니다.

3. 어머니의 자장가

어느 산골 마을에 아주 어린 딸과 단둘이 사는 어머니가 있었습니다. 어머니는 아기를 재울 때 항상 자장가를 불러주었습니다. 아기는 엄마의 자장가를 들으며 새근새근 잠이 들었습니다.

어느 날이었습니다. 급한 볼일이 생긴 어머니가 아기를 재워놓고 집을 나갔습니다. 볼일을 마치고 부랴부랴 집으로 돌아온 어머니는 눈앞에 벌어진 참혹한 광경에 그만 자지러지고 말았습니다.

어머니가 집을 비운 사이 마적들이 들이닥쳐서 노략질을 하고 집집마다 불을 놓아 다 태워버리고 만 것입니다. 잠시 자지러졌다가 정신을 수습한 어머니는 잿더미를 들춰가며 아기를 찾아보았습니다. 그러나 아기는 보이지 않았습니다.

어머니의 슬픔은 아랑곳하지 않은 채 세월은 흘러 20여 년이 지났습니다. 어머니가 사는 마을에 또다시 마적이 쳐들어왔습니다. 마적들은 어머니를 묶어놓고 숨겨놓은 돈을 내놓으라고 협박을 하였습니다.

어머니는 돈이 없다고 했지만 마적들은 거짓말하지 말라고 하며 계속 협박했습니다. 정말로 돈이 없다고 말하며 자신을 협박하는 마적을 쳐다본 어머니는 고개를 갸우뚱했습니다. 왠지 낯이 익다는 생각이 들었기 때문이었습니다.

스무 살쯤 돼 보이는 젊은 마적은 비록 남장을 하기는 했지만 어머니는 그가 여자라는 것을 알아차렸습니다. 그리고 그 얼굴이 낯설지 않고 왠지 모르게 정이 가는 것을 느꼈습니다.

한참 생각하던 어머니의 눈에 어릴 적 사라진 딸의 얼굴과 마적의 얼굴이 겹쳐 보였습니다. 아아, 내 딸! 20년 전 불에 타죽은 줄만 알았던 그 딸이 바로 자기 앞에 나타난 것입니다.

"애야, 너 여자 맞지?"

어머니는 반가운 마음에 청년 마적 앞으로 다가갔습니다.

"이 미친 여자가 어디서 헛소리를 하는 거야!"

젊은 마적은 손에 든 채찍으로 어머니를 힘껏 내리쳤습니다. 그러나 어머니는 아픔도 느끼지 못한 채 너는 내 딸이라고, 20년 전에 마적에게 붙잡혀간 내 딸이 맞다고 하며 안타깝게 외쳤습니다.

그때마다 젊은 마적은 채찍을 들어 무자비하게 어머니를 내리쳤습니다. 내 딸이 맞다고 절규하는 어머니와, 무지막지하게 채찍을 내리치는 젊은 마적 사이에 실랑이는 오래도록 계속되었습니다.

너무 맞아서 정신마저 혼미해진 어머니의 머릿속에 딸을 잠재울 때 불러주던 자장가가 생각이 났습니다. 어머니는 젊은 마적에게 마지막으로 노래 한마디 들려주겠다고 했습니다.

"미친년! 그래 마지막 소원이라는 게 고작 노래 한마디 하겠다는 거냐? 그럼 어디 한번 해 봐라."

젊은 마적은 물론 빙 둘러선 마적들도 껄껄 웃으며 어머니의 입을 바라보았습니다.

자장자장 우리 아기
잘도 잔다 자장자장

꼬꼬 닭아 우지 마라
멍멍 개야 짖지 마라
우리 아기 잠 깰라.

어머니의 자장가는 계속됩니다. 그런데 이상한 일이 생겼습니다. 젊은 마적의 눈에 눈물이 맺히기 시작한 것입니다. 그 눈물 속에 전혀 생각도 하지 못했던 자신의 어릴 적 모습이 떠올랐던 것입니다.

"자장자장 우리 아기……"

그 잔잔하고 다정한 목소리로 불러주는 자장가, 그 자장가를 들으며 새근새근 잠이 들던 자신의 모습이 눈에 선하도록 떠오른 것입니다. 그와 함께 마적에게 잡혀서 자라온 지난날의 생각도 선명하게 떠올랐습니다.

마적에게 잡혀온 순간부터 딸에게는 혹독한 시련의 나날들이 계속됐습니다. 무지막지한 마적들은 어린 아기를 번쩍 들어서 상대방에게 던집니다. 어린 아기를 받은 상대방은 다시 다른 마적에게 아기를 던집니다.

그 과정에서 까무러치기 일쑤였지만 용케도 죽지 않고 버텨냈습니다. 어려서부터 남장을 하고 자란 딸은 소년기를 지나 청년기에 접어들었습니다. 혹독한 시련 속에서 자란 딸은 정신적으로나 육체적으로 강하기 이를 데 없는 용사가 되었습니다.

추위가 극에 달해 장정조차 두툼한 옷을 입고도 벌벌 떠는 한겨울에 얼음을 깨고 물속에 뛰어 들어갈 만치 강인한 정신력과 체력을 갖추게 된 것입니다. 다른 마적들도 젊은 마적 앞에서는 숨도 크게 쉬지 못할 정도로 그 위세가 당당했습니다.

그렇게 되자 마적 두목은 젊은 마적을 수양딸로 삼고 장차 두목의 자리를 물려주려고 했습니다. 그리고 마을을 약탈하러 갈 때나 다른 마적들과 싸움이 일어났을 때 두목은 그 지휘권을 부두목에게 맡기지 않고 수양딸에게 맡겼던 것입니다.

여차하면 두목의 자리를 빼앗기게 된 부두목은 기회가 있을 때마다 젊은 마적을 제거하려고 애를 썼습니다.

얼마 동안 눈물을 줄줄 흘리던 젊은 마적은 드디어 어머니의 품을 파고들며 울부짖었습니다.

"엄마, 정말 우리 엄마가 맞아?"

"그래, 그래, 내가 네 엄마야. 20년 전에 마적에게 빼앗겼던 내 딸이 맞아."

"엄마! 엉엉엉!"

그때였습니다. 부두목의 신호를 받은 마적들이 칼을 빼 들었습니다. 이를 재빨리 눈치 챈 딸이 어머니를 보호하며 마적들에게 맞섰습니다. 드디어 피비린내 나는 싸움이 벌어졌습니다.

10여 명에 이르는 마적들이 줄기차게 딸을 공격했습니다. 딸은 끈질기게 어머니를 보호하며 마적들의 공격에 맞섰습니다. 마적들이 하나, 둘 쓰러져갔습니다. 딸의 몸에도 무수한 상처가 생겼습니다.

드디어 부두목 하나만 남게 되었습니다. 지칠 대로 지친 딸은 부두목의 공격을 막아내기가 버거웠지만 어머니를 생각하며 용기를 냈습니다. 결국 부두목마저 딸의 칼에 쓰러졌습니다.

딸은 어머니의 품에 안긴 채 마지막 숨을 몰아쉬며 어머니를 바라봅니다. 무슨 말을 해야 할까, 어머니는 그저 딸의 얼굴을 내려다보며 안타까움의 눈물만 흘릴 뿐입니다.

"엄마, 자장가를 불러주세요."

딸이 가쁜 숨을 몰아쉬며 자장가를 들려달라고 합니다.

자장자장 우리 아기

잘도 잔다 자장자장
꼬꼬 닭아 우지 마라
멍멍 개야 짖지 마라
우리 아기 잠 깰라.

어머니의 자장가 소리를 들으며 딸은 조용히 눈을 감았습니다.

4. 어머니의 젖

가람 이병기 선생이 지은 시조 중에 '젖'이라는 작품이 있습니다.

나의 무릎을 베고 마지막 누우시던 날
쓰린 괴로움을 말도 차마 못 하시고
매었던 옷고름을 풀고 가슴 내어 뵈더이다.

까만 젖꼭지는 옛날과 같으오이다
나와 나의 동기 어리던 팔구 남매
따뜻한 품 안에 안겨 이 젖 물고 크더이다.

젖을 물려 자식을 기르는 어머니의 모습이야말로 세상에서 그 어느 것과도 비교할 수 없는 숭고한 모습일 것입니다.

모유는 어머니의 진액의 결정체로서
① 가장 영양분이 많을뿐더러
② 가장 위생적이며 언제나
③ 가장 적당한 온도를 유지하고 있습니다. 그러므로 언제 어디서나 아기에게 먹일 수 있는 최고의 영양식품이 바로 어머니의 젖입니다.

요즈음은 미용을 이유로, 혹은 교육적이라는, 말도 안 되는 이론을 내세워 아기에게 젖꼭지 물리기를 거부하는 엄마가 있습니다. 도대체 미용이 뭐기에 그 귀한 젖을 아기에게 먹이지 않고 짜버린단 말인가요?

어머니의 젖꼭지가 둘인바 하나는 육체의 영양을, 또 하나는 정신적 영양을 공급하기 위한 것이라고 할 수 있습니다.

어머니를 뜻하는 한자(母)는 여성의 젖꼭지와 관련이 있습니다. '母(어머니 모)'라는 글자는 여성을 뜻하는 '女(여)'에 젖꼭지 두 개(:)가 더해진 글자입니다.

아기에게 젖 물리기를 거부하는 여성이나 자식 기르기가 힘들다는 이유로 어머니 되기를 거부하는 여성들은 아예 젖을 떼어버리고 살아야 할 사람들이 아니겠는지요.

5. 불난 집의 어미 닭

이 이야기는 누구나 한 번쯤 들어 본 적이 있을 것입니다만 그래도 다시 한번 여기 옮겨 봅니다.

어느 시골집에 불이 났는데 사람들이 미처 손쓸 새도 없이 집이 다 타버리고 말았습니다.

뒷정리를 하던 사람들이 이상한 광경을 목격했습니다. 암탉 한 마리가 털이 다 탄 채 죽어 있었는데 병아리를 품은 자세 그대로였습니다. 사람들은 굽는 수고를 하지 않고도 통닭을 먹게 되었다고 좋아하며 암탉을 집어 들었습니다.

그런데 이게 웬일입니까! 털이 다 타버린 암탉의 날갯죽지 속에서 병아리들이 삐악거리며 튀어나오는 것이 아니겠습니까!

사람들은 고귀한 모성애 앞에 머리를 숙였습니다.

변화와 회개

변화

1. 때리다 변한 남편

황해도 신천 장개교회에서 있었던 일이라고 합니다. 어떤 사람이 아내가 교회 다니는 꼴이 보기 싫다는 이유로 매질을 일삼았습니다.

어느 해 교회에서 부흥회가 열렸습니다. 매일, 그것도 낮 집회와 밤 집회는 물론 새벽예배까지 빠지지 않고 참석하는 아내에 대해 남편의 불만은 극도에 달해 있었습니다.

어느 날 새벽 시간이었습니다. 아내를 혼내줄 심산으로 교회로 간 남편은 불 꺼진 예배당에서 기도하는 여자 중 아내로 생각되는 부인의 머리채를 끌고 나와 다짜고짜 매질을 해대기 시작했습니다.

그런데 이게 웬일입니까! 아내인 줄 알고 매질을 한 사람이 하필이면 면장 부인이었을 줄이야!

남편은 땅에 납작 엎드려 두 손을 싹싹 빌며 용서를 구했습니다. 면장 부인은 호되게 나무란 다음 '두 가지를 약속하면 감옥에 보내지 않겠다, 약속할 수 있겠느냐'고 물었습니다.

"예예, 무슨 말씀이든지 꼭 지키겠습니다. 그저 용서만 해주십시오."

"그럼 좋습니다. 첫째, 이제부터는 절대로 아내 때리지 말 것, 둘째는 교회 다닐 것, 이 두 가지를 약속할 수 있습니까?"

"여부가 있겠습니까, 틀림없이 지키겠습니다. 그저 용서만 해주십시오."

그 뒤부터 남편은 교회에 나왔고 집사가 되었답니다.

2. 예수님 믿고 변화된 세무 공무원

어떤 세무 공무원이 예수님을 영접하게 되었습니다. 생활이 윤택했고 승용차도 최고급이었으며 주택도 60여 평의 최고급 아파트에 살았습니다.

은혜를 받고 보니 자신의 생활이 지나치게 호화롭다는 생각이 들었습니다. 아파트를 팔아 15평짜리 작은 집으로 이사를 했고 고급 승용차를 팔아버리고 버스로 출퇴근했는데 고급스럽게 살던 때보다 오히려 기쁨이 넘치고 행복하더랍니다.

3. 남편의 두루마기에 묻은 흙을 털어준 아내

주일 아침입니다. 교회를 다니지 않는 남편이 아내에게 명령합니다.

"오늘은 사업상 아주 중요한 분이 오시기로 했으니까 교회 가지 말고 접대할 준비를 잘하시오."

신앙이 독실한 아내는 심한 갈등을 겪었지만 교회에 출석하기로 결심했습니다. 손님을 위한 준비를 철저히 해놓고 교회로 갔습니다.

화가 머리끝까지 치민 남편은 손님을 보내놓고 아내가 돌아올 산마루 길목을 지키고 있었습니다.

예배를 마치고 돌아오는 아내의 머리채를 낚아챈 남편은 사정없이 때리기 시작했습니다. 아내는 그 뭇매를 고스란히 맞고 있습니다. 심하게 화풀이를 한 남편은 정신을 잃고 엎드러진 아내를 버려둔 채 집을 향해 발걸음을 떼어놓았습니다.

그때였습니다. 정신을 잃어 아예 뻗어버린 줄 알았던 아내가 힘없는 손으로 남편의 두루마기 자락을 잡으며 옷에 묻은 흙먼지를 떨어내는 것이었습니다.

자신도 모르게 진한 감동을 받은 남편의 눈에서 굵은 눈물방울이 뚝뚝 떨어졌습니다. 그 뒤부터 남편은 아내를 따라 주일마다 교회에 출석하는 성도로 변했습니다.

4. 하나님의 자녀

"자네 아무개 아들 아닌가?"

생판 처음 본 사람이 선친의 함자를 대며 아무개 아들이 아니냐고 묻습니다.

"그렇습니다만……."

"어쩐지 닮았어."

알고 보니 그분은 이북이 고향인데 제 선친과 절친한 친구분이셨습니다. 6·25사변 때 헤어진 후 만나지를 못했는데 저를 보고 친구의 아들인 것을 알아보았다는 것이었습니다.

일반적으로 자녀는 부모를 닮게 되어 있습니다. 외형도 그렇거니와 성격이나 습관까지도 비슷한 부분이 많습니다.

성도는 하나님의 자녀이므로(요 1:12) 하나님을 아버지라 부릅니다(갈 4:6). 그런가 하면 화평케 하는 사람은 하나님의 아들이라 일컬음을 받는다(마 5:9)고 주님께서 말씀하셨습니다.

성도를 일컬어 '하나님의 자녀, 혹은 아들'이라고 하는 것은 외형이 하나님을 닮았다는 게 아니라 성품이 닮았다는 것을 염두에 둔 표현입니다.

우리는 행동이 못된 사람을 일컬어 '×자식(son of a dog)'이라는 표현을 씁니다. 이는 '개가 낳은 자식'이라는 말이 아니라 하는 짓이 꼭 짐승과 같다는 것을 비유적으로 표현하는 말입니다.

우리 성도들은 매사에 착한(변화된) 행실로 하나님의 자녀임을 증명하는 삶을 살아야 할 것입니다.

5. 복음의 능력

맹인 백사겸은 일찍이 부모를 여의고 형과 구걸하며 살다가 어느 점쟁이에게 점을 치고 경을 읽는 법을 배웠습니다.

눈치가 빠르고 상황판단이 정확했던 그는 유명한 점쟁이가 되어 서울에서 멀지 않은 고양읍에 정착하여 살았습니다.

그러나 부와 명예를 얻은 그에게도 남모르는 고민이 있었습니다. 다른 사람을 속여 돈을 번다는 양심의 가책과 도탄에 빠진 민중에 대한 연민이었습니다.

마음의 평안과 새 세대를 갈망하며 고아와 거지들을 돌보고 참 도를 깨우치기 위해서 18년 동안 노력했으나 헛수고였습니다.

그는 100일 철야기도에 마지막 모험을 걸었습니다. 100일 기도를 마치던 날, 전도인 김제옥이 방문하여 전도지를 전해주었습니다. 그 며칠 후 그는 이상한 꿈을 꾸었습니다.

하늘나라에서 장님으로 방황하고 있을 때 어떤 기인이 나타나 점치는 도구를 새것으로 바꿔준 것입니다.

"나는 예수다. 내가 주는 산통은 의의 산통이니 받아 가져라."

꿈의 내용을 알지 못해 고민하던 그는 아내와 함께 김제옥에게 받은 '인가귀도'라는 전도지를 읽었습니다. 이를 통해 하나님의 사랑에 붙잡힌 그는 23년간의 점쟁이 생활을 청산하고 리드 선교사에게 세례를 받고 한국 남감리교회 최초 교회인 고양교회 교인이 되었습니다.

그는 불의하게 모은 3,000냥 가량의 재산을 깨끗이 정리하고 문전걸식의 각오로 고양읍을 떠나 복음을 전하였습니다. 파란만장한 과거를 가진 그는 인생의 빛을 주신 그리스도를 전하며 개성, 장단, 철원, 김화까지 복음을 전하며 80세의 수를 누렸습니다.

하나님께서는 점쟁이를 불러 복음의 영원한 승리에 참여시켜 주신 것입니다.

6. 어느 며느리의 고백

안녕하세요. 저는 33살 먹은 주부예요. 32살 때 시집와서 남편이랑 분가해서 살았고요. 남편이 어머님 돌아가시고 혼자 계신 아버님 모시자고 이야기를 하더군요. 어느 누가 좋다고 할 수 있겠어요. 그 일로 남편이랑 많이 싸웠어요. 위에 형님도 있으신데 왜 우리가 모시냐고요. 아주버님이 대기업 다니셔서 형편이 정말 좋아요. 그 일로 남편과 싸우고 볶고 거의 매일을 싸웠어요.

하루는 남편이 술 먹고 울면서 말을 하더군요. 뭐든 다른 거는 하자는 대로 다 할 테니까 제발 이번만은 부탁 좀 들어달라고.

그러면서 이야기를 하더라고요. 남편이 어릴 적 엄청 개구쟁이였대요. 매일 사고치고 다니고 해서 아버님께서 매번 뒷수습하러 다니셨다고 하더라고요.

남편이 어릴 때 골목에서 놀고 있는데 지나가던 트럭에 받힐 뻔한 걸 아버님이 보시고 남편 대신 부딪히셨는데 그것 때문에 지금도 오른쪽 어깨를 잘 못 쓰신대요.

그리고 아버님 하시던 일이 막노동이었는데 남편이 군 제대하고도 26살 때쯤까지 놀고먹었더랍니다. 아버님이 남편을 늦게 낳으셔서 지금 아버님 연세가 68세 되세요. 남편은 33살이고요. 60세 넘으셨을 때도 막노동하시면서 가족들 먹여 살리고 고생만 하셨다네요. 막노동을 오래 하면 시멘트 독이라고 하던가…, 하여튼 그거 때문에 손도 쩍쩍 갈라지셔서 겨울만 되면 많이 아파하신다고 하더라고요.

평생 모아오신 재산으로 마련하셨던 조그만 집도 아주버님이랑 남편 결혼할 때 집 장만해 주신다고 파시고 지금 전세 사신다고 하구요. 그런데 어머님까지 돌아가시고 혼자 계신 거 보니 마음이 아파서 눈물이 자주 난다고 하더라고요.

저희요. 전 살림하고 남편 혼자 버는데 한 달에 150정도 벌어와요. 근데 그걸로 아버님 오시면 아무래도 반찬도 신경 써야 하고 여러 가지로 힘들 거 같더라고요. 그때 임신도 해서 애가 3개월인데, 형님은 절대 못 모신다고 못 박으셨고 아주버님도 그럴 생각이 없다고 남편이 그러더라고요.

어떡합니까. 저렇게까지 남편이 말하는데……. 그래서 넉 달 전부터 모시기로 하고 아버님 모셔왔습니다.

첨에 아버님 오지 않으시려고 자꾸 거절하시더라고요. 늙은이가 가 봐야 짐만 되고 눈치 보인다면서요. 남편이 우겨서 모셔 왔습니다. 모셔 온 첫날부터 여러모로 정말 신경이 쓰이더라고요.

그런데 우리 아버님, 매번 반찬 신경 써서 정성껏 차려드리면 그걸 드시면서도 엄청 미안해하십니다. 가끔씩 고기반찬이나 맛있는 거 해드리면 안 잡숫고 두셨다가 남편 오면 먹이시더라고요. 그리고 저 먹으라고 일부러 드시지도 않구요.

거기다가 하루는 장보고 집에 왔는데 걸레질을 하고 계신 거 보고 놀라서 걸레를 뺏으려고 했더니 괜찮다고 하시면서 끝까지 청소를 하시더라고요.

그리고 식사하시면 바로 들고 가셔서 설거지도 하십니다. 아버님께 하지 말라고 몇 번 말씀드리고 뺏어도 보지만 그게 편하시답니다, 아버님은.

제가 왜 모르겠어요. 이 못난 며느리 눈치 보이시니 그렇게 행동하시는 거 압니다. 저도 그래서 더 마음이 아픕니다. 남편이 몰래 아버님 용돈을 드려도 그거 안 쓰고 모아두었다가 제 용돈으로 주십니다.

어제는 정말 슬퍼서 펑펑 울었어요. 아버님께 죄인이라도 된듯해서 눈물이 왈칵 나오는데 참을 수가 없더라고요.

한 달 전쯤부터 아버님께서 아침에 나가시면 저녁때쯤 들어오시더라고요. 어디 놀러 가시는 거 같아서 용돈을 드려도 받지도 않으시고 웃으면서 다녀올 게 하시면서 매일 나가셨습니다.

어제 아래층 주인아주머니께서 말씀하시더라고요.

"오다가 이집 할아버지 봤는데 유모차에 박스 싣고 가던데."

이 말 듣고 깜짝 놀랐습니다.

네. 그래요. 아버님 아들 집에 살면서 돈 한 푼 못 버시는 게 마음에 걸리셨는지 불편한 몸 이끌고 하루하루 그렇게 박스 주우시면서 돈을 버셨더라고요. 그 이야기 듣고 밖으로 뛰쳐나갔습니다.

아버님 찾으려고 이리저리 돌아다녀도 안 보이더라고요. 너무 죄송해서 엉엉 울었습니다.

남편한테 전화해서 상황 말하니 남편도 아무 말이 없더군요. 저녁 5시 조금 넘어서 남편이 평소보다 일찍 들어왔어요. 남편도 마음이 정말 안 좋은지 아버님 찾으러 나간다고 하곤 바로 나갔어요. 제가 바보였어요. 진작 알았어야 했는데……

며칠 전부터 아버님께서 저 먹으라고 봉지에 들려주시던 과일과 과자들이 아버님께서 어떻게 일해서 사 오신 것인지를……. 못난 며느리 눈치 안 보셔도 되는데 그게 불편하셨던지 아들 집 오셔서도 편하게 못 지내시고 눈치만 보시다가 불편하신 몸 이끌고 그렇게 일하고 계셨다니…….

친정에 우리 아빠도 고생만 하시다가 돌아가셨는데……. 돌아가신 아빠 생각도 나고 해서 한참을 펑펑 울었습니다. 우리 아빠도 고생만 하시다가 돌아가셨는데, 그날따라 아버님 웃으실 때 얼굴에 많은 주름과 손목에서 갈라진 피부가 자꾸 생각나면서 너무 죄송해서 남편이 아버님이랑 들어올 때까지 엉엉 울고 있었습니다.

남편 나가고 한 시간 좀 넘어서 남편이 아버님이랑 들어오더라고요. 아버님 오시면서도 제 눈치 보시면서 뒤에 끌고 오던 유모차를 숨기시는 모습이 왜 그리 마음이 아플까요. 오히려 죄송해야 할 건 저인데요.

왜 그렇게 아버님의 그런 모습이 가슴에 남아서 지금도 이렇게 마음이 아플까요. 달려가서 아버님께 죄송하다며 손 꼭 잡고 또 엉엉 울었습니다.

아버님께서 매일 나 때문에 내가 미안하다면서 제 얼굴을 보면서 말씀하시는데 눈물이 멈추지 않았어요. 아버님 손 첨 만져봤지만요.

심하게 갈라지신 손등과 굳은살 박인 손에 마음이 너무 아팠어요. 방안에 모시고 가서도 죄송하다며 그렇게 펑펑 울었습니다. 아버님 식사 챙겨드리려고 부엌에 와서도 눈물이 왜 그리 그치지 않던지…….

남편이 아버님께 그런 일 하지 마시라고, 제가 더 열심히 일해서 벌면 되니까 그런 일 하시지 말라고 아버님께 확답을 받아낸 후 세 명 모여서 저녁을 먹었습니다. 밥 먹는데도 아버님 손을 보면서 자꾸 가슴이 아프더라고요.

오늘 남편이 노는 날이라 아버님 모시고 시내 나가서 날이 좀 쌀쌀해져서 아버님 잠바 하나랑 신발을 샀습니다.

한사코 괜찮다고 하시던 아버님께 제가 말씀드렸어요. 자꾸 그러시면 제가 아버님 눈치 보여서 힘들어요! 이렇게 말씀드렸더니 고맙다고 하시면서 받으시더라고요.

그리고 집에 아버님 심심하실까 봐 케이블TV도 신청했고요. 아버님께서 스포츠를 좋아하시는데 오늘 야구 방송이랑 낚시 방송 보시면서 매우 즐거워 하시더라고요. 조용히 다가가서 아버님 어깨를 만져드리는데, 보기보다 정말 왜소하시더라고요.

제가 꽉 잡아도 부서질 것만 같은 그런 아버님의 어깨……. 지금까지 고생만 하시고 자식들 뒷바라지하시느라 평생 헌신하면서 살아오셨던 아버님의 그런 자취들이 느껴지면서 마음이 또 아팠네요.

남편한테 말했어요. 저 평생 아버님 정말 친아버지처럼 생각하고 모신다고요. 비록 지금은 아버님께서 불편해하시지만 언젠가는 친딸처럼 생각하시면서 대해 주실 때까지 정말 잘할 거라고요.

마지막으로 아버님, 제 눈치 안 보셔도 돼요. 제가 그렇게 나쁜 며느리 아니잖아요. 아버님의 힘드신 희생이 없으셨다면 지금의 남편도 없잖아요. 그랬다면 지금의 저와 뱃속의 사랑스러운 손자도 없을 거예요.

저 아버님 싫어하지 않고 정말 존경해요, 아버님. 그러니 항상 건강하시고 오래오래 사셔야 돼요. 그리고 두 번 다시 그렇게 일 안 하셔도 돼요. 저 허리띠 졸라매고 알뜰하게 살게요. 고맙습니다. 아버님!

7. 그리스도로 옷 입었느니라

그리스도와 합하여 세례를 받은 자는 그리스도로 옷 입었느니라(갈 3:27)

'세례'를 '옷'으로 비유했습니다. 이유가 무엇일까요? '옷'의 특징을 살펴보면 답이 나옵니다.

1) 옷은 수치를 가려줍니다

벌거벗은 몸을 남에게 보이는 것은 대단히 수치스러운 일입니다. 그러나 옷을 입으면 모든 수치스러운 부분이 가려집니다. 옷을 입었다고 해서 수치스러운 부분이 아름다운 모습으로 변한다거나 아예 없어지는 것이 아닙니다. 단지 가려졌을 뿐입니다. 다시 말해서 남의 눈에 띄지 않을 뿐입니다.

세례를 받으면, 즉 그리스도로 옷을 입으면 그리스도의 보혈이 우리의 죄를 가리어 줍니다. 그래서 죄인의 부끄러움이 사라지는 것입니다. 세례를 받았다고 해서 지난날 지은 죄가 사라지겠습니까? 단지 가려질 뿐입니다.

그 죄를 가리우심을 받은 자는 복이 있도다(롬 4:7)

2) 옷은 몸을 보호해 줍니다

혹시 길을 가다가 넘어지더라도 옷을 걸친 부분은 상처를 덜 입습니다. 아픔도 덜 느낍니다. 옷이 두꺼울수록 상처는 더욱 가볍고 아픔은 훨씬 줄어듭니다.

그리스도로 옷을 입은 성도는 사탄의 유혹이나 미혹, 세상의 방해나 핍박으로부터 보호를 받을 뿐 아니라 오히려 그것들을 이기고 승리할 수 있는 능력까지 얻을 수 있습니다.

3) 옷은 체온을 유지해 줍니다

옷을 입으면 몸이 따뜻합니다. 몸이 따뜻하면 마음까지도 따뜻해집니다. 마음이 따뜻한 사람은 사랑이 넘칩니다.

그리스도로 옷을 입은 성도는 항상 따뜻한 마음을 가지고 이웃을 섬깁니다. 즉 사랑의 사람으로 변화되는 것입니다.

4) 옷은 아름다움을 더해 줍니다

값비싼 옷이 아니더라도 옷을 몸에 맞게 잘 입으면 사람이 돋보입니다. 그래서 '옷이 날개'라는 말이 생긴 것입니다. 지나치게 화려한 옷은 분수에도 지나칠뿐더러 오히려 천해 보이기까지 합니다.

그리스도로 옷을 입은 성도의 모습은 참으로 아름답습니다. 외양만 돋보이는 것이 아니라 인격까지 훌륭한 사람으로 보입니다. 그래서 진실한 성도는 '그 사람 얼굴만 봐도 은혜를 받는다.'는 소리를 듣게 됩니다.

성결

1. 거룩한 생활

하나님께서는

"내가 거룩하니 너희도 거룩한 백성이 되어야 한다"(레 11:15, 20: 26)
라고 말씀하십니다.

'거룩'을 표현하는 말로. 히브리어로는 '카도시(קָדוֹשׁ)'가, 헬라어로는 '하기 오스(ἅγιος)'가 대표적으로 사용되었습니다.

히브리어 '카도시(קָדוֹשׁ)'는 '잘라냄' 또는 '분리함'을 뜻합니다. 하나님을 섬기고 예배하기 위해서는 세속적인 것들로부터 구별돼야 함을 뜻합니다.

즉 교회(성도)는 불순하고 타락한 모든 것을 잘라 버리며 육신의 죄악과 마음의 정욕을 잘라 버려야 할 것을 요구하고 있습니다. '자르다'는 표현을 영어에서는 'cut'라는 말로 나타내는데 'cut'는 특히 '잘 드는 칼 따위로 싹 둑' 잘라 버리는 것을 뜻합니다.

불순하고 타락한 것들, 육신의 죄악과 마음의 정욕 등은 단칼에 싹둑 잘라 버려야 합니다. 그렇지 않으면 죄악의 뿌리가 살아서 다시 싹을 틔우게 됩니다. 단칼로 베어 버리기 위해서는 결단과 용기가 필요함을 가슴에 새겨야 할 것입니다.

2. 소돔 사람과 고린도 사람

'소돔'은 죄악으로 말미암아 불로 심판을 받은 도시입니다. 그곳에서 의인 롯과 두 딸만 구원받았습니다. 롯의 아내도 소돔성을 탈출하는 데는 성공했지만 화려했던 소돔을 못 잊어 뒤를 돌아본 결과 하나님의 심판을 벗어나지 못했습니다(창 19장).

'고린도'는 어떻습니까? 한때는 로마 정부의 소재지로서 아가야 지방의 수도가 되기도 했으며 학문과 문화의 중심지인 아테네를 능가하면서 로마, 그리스, 유대, 시리아, 이집트 사이의 교통의 중심지가 되기도 했습니다.

그러나 안타깝게도 두 도시는 죄악으로 타락한 대표적인 도시가 돼 버리고 말았습니다. 그래서 오늘날까지도 두 지명이 사전에 등재되어 있어서 그 오명이 전 세계 사람들의 입에 오르내리고 있습니다. 영어사전을 펼쳐 보면 '고린도'와 '소돔'이라는 단어를 찾을 수 있는데 그 풀이가 아주 부정적입니다.

Sodom[sádəm/sɔ́d-]① [聖] 소돔(사해 남안(死海南岸)에 있던 옛 도시; 죄악 때문에 신에 의해 이웃 Gomorrah와 더불어 멸망되었다 함. ② 일반적 죄악(타락)의 장소.

Sodomite[sádəmàit/sɔ́d-]① ((稀)) 남색자(男色者), 수간자(獸姦者), 이상(異常) 성행위에 빠진 사람. ② (s-) 소돔 사람.

Sodomize[sádəmàiz/[sɔ́d-] 비역하다; 항문 성교를 하다.

Sodomy[sádəmi/sɔ́d-] 비역; 남색, 수간(獸姦)

Corinth[kɔ́(ː)rinθ/kɔ́(ː)rinθ] 코린트(옛 그리스의 예술·상업의 중심지).

Corinthian [kərínθiən/kərínθiən] 코린트 사람의(과 같은); 우아한, 방탕한, 사치한.

지금 세상에서는 '동성애 축제'가 열리고 '동성결혼'을 합법화하라고 난리법석을 떨고 있습니다. 우리나라 국회가 정녕 살아 있다면 '동성결혼의 합법화'는 무산되겠지만 워낙 썩어버린 국회인지라 결과가 어떻게 될지 예상하기가 어렵습니다.

성결한 삶을 살아야 할 성도들이 그렇게 살지 못한다면 사회의 지탄거리가 됨은 물론 그 악명이 후대에까지 전해져 하나님의 영광을 가리게 된다는 사실을 가슴에 새겨야 할 것입니다.

3. 신부 단장과 목욕

성경은 교회를 신부에 비유하고 있습니다(계 21:2). 이것은 성도가 주님을 섬김에 있어서 최선을 다하여 아름다움과 정절을 유지해야 될 것을 가르쳐 주는 대목일 것입니다.

신부는 단 30분, 길어야 한 시간의 결혼식을 위해서 일생일대의 정성을 들여 화장을 하는가 하면 가장 좋은 옷을 입고 최고의 단장을 합니다.

그런데 신부가 화장을 하고 새 옷을 입고 단장을 하는 이 모든 일에 앞서서 가장 먼저 하는 것이 곧 목욕입니다.

예수께서는 제자들의 발을 씻겨주시고 '이미 목욕한 사람은 발밖에 씻을 것이 없다'고 말씀하셨습니다(요 13:10). 여기서 '목욕'이란 회개한 성도가 예수님의 보혈로 죄 씻음 받은 상태를 의미하는 것임을 우리는 다 알고 있습니다.

진실로 회개할 때 흘리는 눈물은 그 분량이 얼마 되지 않는다고 할지라도 우리의 몸뿐 아니라 마음과 영혼까지 깨끗이 씻고도 남음이 있는 것이니 이 어찌 귀한 일이 아니겠습니까?

예수께서 회개를 목욕에 비유하신 것은 참으로 의미심장한 일인 줄 압니다. 그것은

1) 신부와 목욕

신부가 단장을 하기에 앞서 가장 먼저 하는 것이 목욕인 것처럼 구원받은 성도에게 있어서 가장 먼저 찾아오는 것이 회개라는 점입니다.

2) 성도의 회개

신부가 단장을 앞두고 목욕할 때 일생일대의 정성을 들여서 하는 것처럼 성도의 회개 역시 철저하게 해야 한다는 것입니다. 우리는 목욕을, 그냥 '때를 미는' 정도로만 알고 있지만 결코 그렇지 않습니다. 목욕(沐浴)의 '沐'은 우리 몸에서 나무토막 같은 부분, 즉 머리 감는 것을 의미합니다. 그런가 하면 '浴'은 몸을 씻는 것인데 글자 구조가 '水+谷'으로 되어 있어서 구석구석까지(谷) 물을 뿌려서(水) 철두철미하게 씻어내는 것입니다. 목욕이란 그야말로 머리끝에서 발끝까지 철저하게 씻어내는 것입니다.

회개도 이처럼 육신으로 지은 죄뿐 아니라 마음으로 지은 죄까지 씻어낼 각오로 아프게 해야 하는 것입니다.

3) 목욕과 옷 벗음

목욕을 할 때는 누구나 옷을 모두 벗는 것처럼 하나님 앞에 회개하는 것을 부끄러워해서는 안 되는 것입니다. 우리의 모든 행위는 하나님 앞에서 언제나 벌거벗은 것같이 드러나 있다는 사실을 잊지 말아야 할 것입니다.

4) 목욕과 겉결

목욕이 안 보이는 부분을 깨끗하게 하는 것이고, 화장과 단장이 보이는 부분을 아름답게 꾸미는 것이라면 회개한 성도는 반드시 그 마음뿐만 아니라 언어와 행실, 몸가짐이 고와야 할 것입니다.

이렇게 될 때 우리는 비로소 신랑이신 주님과 어울리는 신부가 될 수 있을 것입니다.

4. 성실한 생활

롬 12:8에 보면 '구제하는 자는 성실함으로' 하라 했고, 엡 6:5과 골 3:22에는 '성실한 마음으로 순종하라'고 했습니다.

그러면 구체적으로 어떤 생활이 과연 성실한 삶일까요? 얼른 생각하기에 '성실'이란 '정성을 들여, 착실하게' 사는 것이 성실한 삶일 것이며 그런 마음이 성실한 마음일 것입니다.

그런데 성경 원어를 살펴보니 '성실하다'는 말은 'απλοτης(아플로테스)' 라고 되어 있고, 그 뜻은 '단순, (주체가 이기심이나 분열 없이)성실' 등인데 이 단어 'απλοτης(아플로테스)'는 'α(알파)+πλεκω(플레코)'의 구조로 되어 있습니다.

'α(알파)'는 연합을 뜻하는 말이고, 'πλεκω(플레코)'가 '엮다, 땋다'의 뜻을 가진 말인데 이러한 정황을 종합하여 'απλοτης(아플로테스)'를 다시 풀어보면 '(섬기고 봉사하는 마음이) 동아줄이 여러 가닥으로 엮이듯, 아가씨의 긴 머리를 세 가닥으로 나누어 땋듯, 그렇게 엮이고 땋아져서 든든할 뿐만 아니라 아름다움을 겸비한 마음'이라고 할 수 있을 것입니다.

오늘날 교회에서 '섬김'이나 '봉사'라는 말이 난무하고 있지만 '성실성'은 사라지고 자기과시용 정도로밖에 보이지 않는 것은 깊이 반성할 일이 아니겠는지요?

세상을 바라보지 않음

1. 아래를 내려다보지 않음

여의도 63빌딩을 건축하던 때였습니다. 어떤 사람이 일을 하고 있는 비계공에게 물었습니다.

"이렇게 높은 데서 일을 하는 게 무섭지 않습니까?"

"왜 무섭지 않겠습니까. 그러나 저는 아래를 내려다보지 않습니다."

2. 돈을 바라보지 않음

음악에 천부적 소질을 가진 소년이 있었습니다. 그 어머니가 당대 세계적 명성을 가진 은퇴 음악가에게 사사를 부탁했습니다. 소년의 재능을 인정한 대가는 이 소년을 마지막 제자로 받아들였습니다.

카네기 홀에서 피아노 연주회를 가졌습니다. 열광적인 환호와 함께 돈이 수북이 쌓였습니다. 그러나 연주자는 돈은 거들떠보지도 않은 채 오직 한 곳만 바라보며 연주를 계속했습니다. 소년이 바라보는 곳에는 스승이 있었습니다.

연주가 끝나자 그칠 줄 모르는 박수와 환호성으로 연주회장은 떠나갈 듯했습니다. 스승이 제자를 격려합니다.

"그래, 수많은 사람이 뜨거운 박수를 보내고 네 발밑에 돈이 산더미처럼 쌓여도 위만 쳐다보아라. 네가 명예와 돈을 바라보는 그 순간부터 너는 내리막길을 걷게 될 것이다."

3. 세상살이는 소꿉놀이

제가 중학생이었을 때입니다. 몇몇 친구들과 소풍을 간 적이 있습니다. 일행 중에는 친구의 동생 남매가 따라왔었는데 그 아이들은 유치원에 들어갈 나이의 꼬마들이었습니다.

우리들은 식사 준비하느라 바쁘게 설쳐댔지만 꼬마들은 그늘 밑에서 딴 살림을 차리고 있었습니다. 소꿉놀이를 하고 있었던 것입니다. 소꿉놀이 하는 게 하도 재미있어 보여서 잠시 그 모습을 지켜보았습니다.

"난 아부지구 넌 엄마다구 응?"

"그래."

"그럼 밥을 해야잖아."

"에유 귀찮아, 매일같이 밥해 먹기 귀찮아서 못 살겠어."

꼬마들은 어울리지도 않는 가시버시 흉내를 냅니다.

엄마가 상을 차립니다. 흙을 사금파리에 담은 것이 밥이고, 풀잎을 썰어 놓은 것이 김치입니다. 흙탕물은 국이고 갈을 꺾어서 깔아놓은 곳이 방이며 돌멩이 몇 개 세워놓은 곳에 막대기를 꺾어 지펴 넣고 후후 부는 곳이 부엌입니다.

드디어 상을 다 봤습니다.

"여보, 밥 먹어요."

엄마가 반반한 돌에다 상을 보아 가지고 들어옵니다.

"밥 먹어요가 뭐야, 진지 잡수세요 그래야지."

아부지가 점잖게 타이릅니다. 그러나 책상다리한 아부지답지 않게 목소리는 순 어리광이지요.

"여보, 진지 잡수세요."

밥을 다 먹고 상을 물렸습니다.

이젠 밤이 되어 잘 차례입니다. 꼬마들은 갈잎 위에 나란히 누웠습니다.

"자장자장……."

모성애가 발동했음인지 엄마가 아부지의 등을 두드립니다.

"기집애야, 아부지한테 자장자장이 뭐야!"

아부지가 자존심이 상했는지 발끈하여 벌떡 일어나 앉으며 호통을 칩니다.

"그러면!"

엄마도 지지 않고 악을 씁니다. 부부싸움이 시작된 겁니다.

공연히 악을 쓰는 소리가 우리들에게 들렸습니다. 상황을 알아차린 우리 일행은 한바탕 폭소를 터뜨렸습니다.

"와하하하!"

꼬마들도 멋쩍은 듯 싱긋 따라서 웃습니다.

음식이 다 마련되었습니다.

"밥 먹자!"

'밥 먹자'는 소리에 꼬마들은 이제까지 놀던 소꿉을 뒤로한 채 식사 대열에 끼어들었습니다. 빙 둘러앉아 땀 흘려 만든 음식을 맛있게 먹은 우리는 저녁나절 산을 내려왔습니다.

저는 그때 일을 회상하며 주님 재림하실 때를 상상해 봅니다. 주님께서 오셔서 성도들을 부르실 때 우리는 세상에서 즐기며 아끼던 모든 것을 그냥 놔둔 채 주님의 나라로 가야 할 것입니다.

세상에 미련을 둘 일이 무엇이겠습니까!

변화와 회개

1. 니느웨의 회개

니느웨 사람들은 원래 포악하기 이를 데 없는 사람들이었습니다. 그러나 요나의 전도를 받아 아이에서 어른은 물론 왕에 이르기까지 온 나라가 회개했고, 심지어 짐승까지도 금식시켜 회개의 모범을 보였습니다.

예수님 당시 종교 지도자들은 니느웨 사람들을 보고 부끄러움을 느껴야 마땅한 사람들이었습니다. 그들은 거룩하신 예수님을 통해 선한 교훈을 받았을 뿐만 아니라 예수께서 행하시는 아름다운 일들을 직접 보았습니다.

그렇다면 그들이야말로 누구보다 먼저 회개하여 새로운 사람들이 됐어야 마땅한 일이었겠는데 선한 교훈을 받은 그들이 오히려 더 강퍅해졌다는 사실은 참으로 안타까운 일이 아닐 수 없습니다.

똑같은 샘물이지만 젖소가 마시면 우유를 생산하는데 반해 독사가 마시면 독을 생산하는 것처럼 이들 종교 지도자들에게서는 선한 것을 기대할 수 없을 만치 극도로 완악해졌던 것입니다. 그래서 예수께서는 이들 회개할 줄 모르는 종교 지도자들을 향해서 이렇게 외치셨던 것이 아니겠습니까.

뱀들아, 독사의 새끼들아! 너희가 어떻게 지옥의 판결을 피하겠느냐(마 23:33).

책망을 들은 당시의 종교 지도자들은 오히려 예수님을 향하여 앙심을 품었습니다. 그뿐만 아니라 안식일에 오른손 마른 사람을 고쳐주신 일에 대해서도 지나치게 과민반응을 보였습니다. 누가는 그들의 악한 마음을

'분기가 가득했다'는 표현을 써서 나타냈습니다.

> 저희는 '분기'가 가득하여 예수를 어떻게 처치할 것을 서로 의논하니라(눅 6:11)

이 단어 '분기'는 성경 원어 '아노이아(ανοια)'를 번역한 것인데 그 뜻은 '어리석음', '격노', '미쳐버림' 등입니다. 즉 '어리석은 마음이 격노하여 미쳐버린 상태'가 곧 '분기가 가득한 상태'라는 것을 알 수 있습니다.

그런데 '아노이아ανοια'는 'α(알파= not)+Νινευιτης(니뉴이테스=니느웨 사람)의 구조로 되어 있어서 '니느웨 사람이 아니다'는 뜻입니다. 다른 말로 표현하면 니느웨 사람만도 못한 사람이라는 뜻입니다. 우리말로 표현하자면 'x자식', 혹은' x만도 못한 놈' 등의 표현이 가능한 말입니다.

주님께서 주시는 같은 떡을 먹고도 가룟 유다는 회개할 줄 모르고 사탄에게 사로잡힌 사실을 우리는 가슴 깊이 새겨야 할 것입니다.

> 한 조각을 찍으셨다가 가룟 시몬의 아들 유다를 주시니 조각을 받은 후 곧 사탄이 그 속에 들어간지라(요 13:26-27).

2. 눈물의 회개

저는 믿음도 없는 상태에서 부흥회에 참석했다가 성령님의 강권적인 역사로 회개의 눈물을 흘렸습니다. 부흥회 기간 내내 감동과 감격의 눈물을 철철 흘리고 나서 새사람이 되었습니다.

세상이 새롭게 보였습니다. 이웃 사람뿐만 아니라 세상의 모든 것이 정답게 느껴졌습니다. 말로는 표현하기 어려운 기쁨과 즐거움, 그리고 소망이 가슴 가득 채워져서 찬송이 저절로 흘러나왔습니다.

신학교에 입학하여 성경을 배울 때 '아, 이 사람도 나와 같은 체험을 했겠구나' 하는 생각을 하면서 읽은 구절이 있습니다.

발 곁에서 울며 눈물로 그 발을 적시고(눅 7:38)

한 바리새인이 예수님을 초청했을 때 어떤 여자가 옥합에 든 향유를 예수님의 발에 붓고 씻겨드렸는데, 여자는 예수님의 발 곁에서 울며 눈물로 그 발을 적시고 자기 머리털로 씻겨드렸다고 했습니다.

이 여인의 눈물은 회개의 눈물이었으며 그 흐느낌은 감사와 감격의 흐느낌이었음을 알 수 있습니다.

본문에서 '울며'는 성경 원어로 '클라이오(κλαιω)'인바 그 뜻은 '흐느껴 울다, 울부짖다'입니다. 영어 표현으로는 '크라이(cry)'로 나타낼 수 있습니다. 한편 '눈물'은 '다크루오(δακρυω)'로 표현했는데 그 뜻은 '눈물을 흘리다'입니다. 영어 표현으로는 '위프(weep)'로 나타낼 수 있습니다.

그러면 cry와 weep는 어떤 차이가 있을까요?

cry 슬프거나 너무 기쁜 나머지 소리를 내며 울다. 소리를 내는 것이 주가 되나 실제로는 소리가 나지 않더라도 소리를 참아가며 울 때도 cry를 씁니다.

weep 눈물을 흘리는 사실에 주안점이 있다. 그렇기 때문에 찬 컵에 물방울이 맺히는 것도 weep로 표현합니다. 이렇게 볼 때 예수님의 발을 씻겨드린 여인은 감격의 눈물을 철철 흘림과 동시 소리를 내어 울었거나, 아니면 소리를 죽인 채 어깨를 들먹여가며 울었을 것입니다. 사람을 감동하게 하는 것은 웃음이 아니라 눈물이라고 합니다. 그것도 회개의 눈물이라면 더욱 감동을 크게 불러일으킬 것입니다. 그러기에 예수께서도 세상에 계실 때 눈물을 흘리신 것이 아니겠는지요.

3. 속 때부터 벗겨야

어떤 시골 총각이 도시 처녀에게 장가를 들었더랍니다. 아침에 일어나

보니 새색시가 세숫물을 떠 놓았는데 대야 옆에 웬 흰떡 같은 것이 있었습니다.

그것이 대체 무엇이며 어디에 쓰는 것인지 알 도리가 없는 새신랑은 망설이던 끝에 한입에 꿀꺽 삼켜 버렸더라지요. 그 모양을 본 새색시가 질겁하여,

"아니, 그건 때를 씻는 비누인데 잡수시면 어찌합니까?"

아차! 싶은 새신랑, 그러나 태연을 꾸미며

"얼굴만 씻으면 됩니까? 마음을 씻어야지요."

이렇게 위기를 넘겼답니다.

이런 일화도 있습니다. 월남 이상재 선생이 참찬 벼슬에 계실 때, 당대 제일가는 세도가 당당한 대신 집에를 갔더랍니다. 그런데 그 세도 대신은 얼굴에 허옇게 거품이 일어나는 것을 가지고 세수를 하고 있었습니다.

"대감, 이 물건이 대체 무엇입니까?"

"이것은 석감이라고도 하고 사분이라고도 하는 물건인데 이것을 물에 풀어서 문지르면 얼굴의 때가 말끔히 씻긴다네."

그 소리를 들은 월남은 비누를 집어 들어 한입에 꿀꺽 삼켜버렸습니다.

"이 사람아, 그것은 얼굴이나 몸의 때를 씻어내는 것이지 먹는 것이 아니야!"

"예 알고 있습니다. 그러나 시생은 지금 우리 고관들이 얼굴의 때보다 뱃속, 마음속에 하도 많은 때가 끼어서 이 시커먼 속 때부터 씻어내야만 나라가 바로 될 것 같아 그러는 겁니다."

4. 산 돌

리빙스턴 선교사를 모르는 분은 아마 없을 것입니다. 1813년 스코틀랜

드에서 출생하여 선교사로서뿐만 아니라 의사와 탐험가로도 명성을 남긴, 그야말로 하나님의 위대한 일꾼이었습니다.

아프리카 선교사를 자원한 리빙스턴은 백인으로서 아프리카 대륙을 횡단한 최초의 사람이 되었으며 나일강 근원을 밝혀내기도 하였습니다. 사자에게 물리며 거머리에게 뜯기고 물소에게 받히는가 하면 열병에 걸려 사경을 헤매기가 수십 차례나 되었다고 합니다.

이런 악조건 속에서도 리빙스턴은 끈질기게 토인 마을에서 전도했는데 의료봉사를 겸한 전도로 많은 결실을 보았다고 합니다.

토인들은 수술을 할 때도 잘 참는데 심지어 부인들조차 칼로 생살을 쭉 째는데도 잡담을 하며 견디었다고 합니다. '어른은 울지 않는다'는 것이 그들의 전통이기 때문이랍니다.

그러나 그들이 복음을 듣고 진리를 깨닫고 죄를 책망받았을 때 그만 엉엉 울며 회개했다고 합니다. 육신의 고통은 얼마든지 참을 수 있지만 죄의 무서움에서 오는 심령의 고통은 도저히 참을 수가 없었던 것입니다.

우리는 벧전 2:4~5 말씀을 기억합니다.

사람에게는 버린 바가 되었으나 하나님께는 택하심을 받은 보배로운 산돌이신 예수에게 나아와 너희도 산돌같이 신령한 집으로 세워지고 예수 그리스도로 말미암아 하나님께서 기쁘게 받으실 거룩한 제사장이 될지니라.

리빙스턴, 그는 이름 그대로 산 돌이었습니다.

'Livingstone(리빙스턴) = Living(살아 있는) + stone(돌)'의 합성어이기 때문입니다.

성도의 삶

빛과 소금

1. 세상의 소금

'너희는 세상의 소금(마 5:13)'이라는 구절을 해석할 때 흔히들 '소금'에다 초점을 맞추는 것이 통례입니다. 그래서 소금은 ① 맛을 낸다. ② 부패를 방지한다. ③ 순결을 상징한다(흰색) ④ 화평의 상징이다 등에 초점을 맞춰 설교가 이뤄집니다.

그러나 저는 '소금'보다는 '세상'에 초점을 맞춰 생각해 본 적이 있습니다.

'너희는 세상의 소금' 할 때 '세상'을 'γη(게)'로 표현한 것에 주목해야 합니다. 왜냐하면 같은 '세상'이지만 14절의 '너희는 세상의 빛이라'에서의 '세상'은 'κοσμος(코스모스)'로 표현했기 때문입니다.

그러면 'γη(게)'와 'κοσμος(코스모스)'는 어떤 차이를 가지고 있을까요?

게(γη)→ 흙, (흙과 연관하여)지방, earth.
코스모스(κοσμος)→ 세상, 우주, world.

즉 '소금'으로서의 성도가 살아가야 할 '세상'은 성도가 늘 얼굴을 보며 살을 맞대고 살아가는 바로 이웃과의 관계를 나타내고 있는 것입니다. 사람이 가끔 만나면 반갑기도 더하고 정도 더 깊이 들게 마련입니다. 그래서 별로 문제가 발생하지도 않고 다툴 일도 별로 없게 되는 것입니다.

그러나 늘 얼굴을 대하며 살을 맞대고 살아가는 사람끼리는 장점도 단점도 그대로 다 드러나기 때문에 툭하면 다투기도 하고 의가 상하기도 하고 심지어는 갈라서는 일도 생기게 되는 것입니다.

그러나 진정한 성도라면 그러한 일들까지도 극복해야만 된다는 것이 주님의 뜻임을 간파해야 합니다. 즉 상대방의 단점까지도 수용하고 용납하여 조화를 이룰 수 있어야 주님의 영광을 드러낼 수가 있는 것입니다.

또한 소금은 녹아야만 제구실을 하는데, 그렇다고 해서 아무 곳에서든 녹기만 하면 되는 것이 아닙니다. 반드시 간을 맞추고자 하는 바로 '그 음식물(=세상)' 속에서 녹아야만 합니다.

다시 말해서 '나'의 흔적은 자취도 없이 사라지는 대신 '나'의 속성 즉 짠맛만 남아서 김치면 김치, 장이면 장, 국이면 국의 맛을 내야 한다는 것입니다. 그러기 위해서는 자신을 완전히 포기해야만 가능한 일인데 그게 쉬운 일이 아니기 때문에 소금의 사명을 감당하기가 그렇게도 어려운 것입니다.

2. 세상의 빛

'너희는 세상의 빛(마 5:14)'이라는 구절을 해석할 때에도 흔히들 '빛'에다 초점을 맞추는 것이 통례입니다. 그래서 빛은 ① 밝게 한다. ② 따뜻하게 한다. ③ 살균작용을 한다. ④ 동화작용을 해서 산소를 발생한다는 등에 초점을 맞춰 설교가 이루어집니다.

그러나 저는 이 구절 역시 '세상'에다 초점을 맞춰 생각해 본 적이 있습니다.

소금으로서의 성도가 살아가야 할 '세상'이 '게(γῆ=earth)', 즉 성도가 늘 얼굴을 보며 살을 맞대고 살아가는 바로 이웃과의 관계가 강조된 것이라면, '빛'으로서의 성도가 살아가는 세상은 '넓은 의미의 세상(=κοσμος)'인 것입니다.

빛은 바로 앞에서 비추지 않아도 큰 구실을 할 수 있습니다. 북극성이 하늘 높이 떠서 모든 사람에게 방향을 알려주듯, 또는 멀리서 비추는 등대의 불이 항해하는 선박을 항구로 인도하듯이 말입니다.

소금이 반드시 간을 맞추고자 하는 '그 음식물(=세상)' 속에서 녹아야만 하는 것이라면 '빛'은 먼 데서도 영향을 미칠 수 있는 것입니다. 그래서 '빛은 곧 착한 행실'이라고 주님께서 말씀하셨습니다.

'너희 착한 행실을 보고(마 5:16)'에서 '행실'은 성경원어로 '에르곤(εργον)'인데 그 뜻은 '행위, 수고, 일'입니다. 그런데 이 말은 '일한다'는 의미의 '에르고(εργω)'에서 유래했습니다. 즉 '착한 행실'이란 남을 위해서 땀 흘려 수고하는 것을 의미합니다.

또 '너희 착한 행실을 보고(마 5:16)'에서 '보고'는 '에이도(ειδω)'의 번역어인데 그 뜻은 '보다, 알다, 깨닫다, 느끼다, 이해하다' 등 다양하게 쓰이는 단어입니다.

그러므로 빛의 사명을 감당한다는 것은 세상 사람들로 하여금 성도의 착한 행실을 보아서 알고 깨닫고 감동을 받아 진리를 깨달아 알게 돼서 하늘에 계신 하나님께 영광을 돌리는 것이라는 뜻입니다.

착한 행실은 소문을 통해서 멀리까지 영향을 미칠 수 있기 때문에 더욱 중요합니다. 그러므로 교회는 이웃과 더불어 살 때나 혹은 떨어져서 살 때를 막론하고 말씀에 합당한 삶을 살아서 세상에 주님을 나타내야만 하는 것입니다.

3. 대낮의 등불

고린도의 현자 디오게네스는 정직한 사람을 찾기 위하여 대낮에 등불을

켜 들고 다녔다는 일화가 있습니다.

알렉산더 대왕조차 '내가 왕이 아니었다면 디오게네스가 되었을 것이다.'라고 말할 정도로 그는 당대의 우상이었습니다.

그런데 우리나라에도 그 못지않은 양심이 있었다는 사실을 아는 사람은 별로 많지 않습니다.

조선 말엽―. 조정이 온통 탐관오리로 들끓던 시절이었습니다.

당시 경기관찰사로 있던 어느 고관의 생일잔치는 그 호사가 극에 달했습니다. 그때 등롱을 앞세우고 들어오는 한 젊은 벼슬아치가 있어 장내를 긴장시켰는데…….

"웬 사람이 대낮에 등촉을 들고 오느냐?"

흥에 겨웠던 관찰사가 이 괴이한 광경을 보고 짜증 섞인 소리로 호통을 쳤습니다. 그러자 이 젊은 벼슬아치는 정중히 허리를 굽혀 인사를 하고는

"세상이 하도 어두워 낮이 밤과 같삽기에 길을 제대로 찾을 수 없사와 감히 등을 들려서 대감 잔치 자리를 찾아온 것이옵니다."

했습니다. 이 젊은 벼슬아치는 후일 한국 서화계의 대원로로 추앙받는 영운 김용진 선생이었던바 그때 그는 수원부사였다고 합니다.

4. 이세종 선생의 사랑 실천

전남 화순군 도암면 천태산 기슭에 이세종 선생의 기념관이 있습니다.

선생은 원래 일자무식인 머슴이었습니다만 열심히 일한 결과, 논을 백여 마지기나 장만하여 부자가 되었습니다.

무식이 한이 된 선생은 글을 배울 생각으로 선교사를 찾아갔습니다. 성경을 가지고 글을 배우던 그는 크게 깨달음을 얻어 예수님을 믿게 되었고, 당시 광주 지방 순회전도를 하던 노나복 선교사에게 세례도 받았습니다.

철저히 회개한 선생은 어렸을 때 오이 하나 따먹은 것까지 일일이 변상

해 주었을 뿐만 아니라 빚 문서를 모조리 불살라 버리고 창고를 다 털어 가난한 사람들에게 나누어 주는가 하면 토지는 구제에 써달라고 광주노회와 면사무소에 모조리 바쳐 버렸습니다.

예수님의 사랑에 완전히 포로가 된 선생은 추운 겨울에도 맨몸으로 지냈고 먹을 것도 차마 못 먹었다고 합니다. 남이 죄짓는 것만 보아도 울었고 물통에 빠진 쥐도 건져서 먹을 것을 주어 살려 보냈다고 합니다.

어느 날, 불량배가 선생을 나무에 묶어놓은 채 온종일 술을 퍼마시다가 저녁 늦게 돌아오게 되었는데 선생은 그때까지 울면서 불량배를 위해 기도하고 있었답니다. 불량배가 감동을 받아 회개하고 새사람이 되었습니다.

선생의 명성은 점점 널리 퍼져나가 광주에서 쟁쟁하던 최홍종, 강순명, 백영흠 목사 등이 직접 오두막까지 찾아와 가르침을 받았다고 합니다.

이세종 선생에 대해서 부정적으로 평가하는 이들도 없지 않습니다만 그 생활은 우리가 마땅히 본받아야 한다고 생각합니다.

5. 고결한 인품과 검소한 생활

해마다 3월이 되면 3·1절이 생각나고, 유관순 열사가 생각나고 젓가락이 생각납니다. 그리고 민족의 단합, 교회의 단합이 참으로 아쉬워지는 달이 3월이기도 합니다.

우리 역사에는 자랑스러운 여인네들이 많은데, 요즈음 그 자랑스러운 여인상에 먹칠하는 여인네들이 너무 많은 것 같아 걱정스럽습니다.

옷 로비 사건- 그 주역들이 누구인지 우리는 잘 알고 있으며 그들이 감히 하나님의 이름을 들먹거리며 맹세까지 하는 바람에 세상 앞에 교회가 얼마나 비웃음을 당했으며 전도 길은 얼마나 막혀버렸는지 모릅니다.

이 세상에서뿐만 아니라 천국에서까지도 가장 아름다운 옷- 예수 그리스도로 옷 입은 성도에게 천만 원짜리 모피가 무에 그리 탐나는 물건이겠습니까!

　이러한 때에 즈음하여 조선조 정승에 이르렀던 월사 이정구(月沙 李廷龜) 선생의 정경부인 권 씨를 생각해 보고자 합니다.

　월사가 재상으로 있을 때는 그의 두 아들도 모두 당상관이었으니 권 씨 부인은 마음만 먹으면 얼마든지 호강을 할 수 있는 위치에 있었습니다.

　그러나 권 씨 부인은 언제나 깨끗이 빤 무명옷을 입었으며 몸에는 패물을 지녀본 적이 없었다고 합니다.

　선조 대왕의 첫째 따님이신 정명 공주 댁에 혼사가 있던 날이었습니다.

　공주의 초청을 받은 만조백관의 부인들이 무슨 경쟁이라도 하듯 저마다 비단옷에 패물을 차고 제 자랑에 여념이 없는데 웬 무명 저고리 차림의 노부인이 중문 안으로 들어서는 것이었습니다.

　'저 늙은이가 여기가 어디라고 구걸을 하러 와. 공주마마 눈에 띄면 경치려고.'

　저마다 노파를 경멸에 찬 눈으로 쳐다보고 있을 때였습니다. 이 노파를 본 정명 공주가 반갑게 달려 나가 노파를 정중히 받들어 상좌로 모시는 것이었습니다. 이 노파가 바로 월사의 부인 권 씨였던 것입니다.

　모두들 놀랐습니다만 더욱 놀란 것은 저녁때가 되자 부인은 퇴근하는 남편과 아들의 저녁을 차려야 한다며 자리를 뜨는 것이었습니다.

　"정경부인께서는 바깥어른의 식사를 아직도 손수 돌보십니까?"

　공주가 놀라서 물었습니다.

　"제 영감, 제 아들의 식사를 제가 돌보지 않고 어찌 하인배들에게만 맡길 수 있사오리까. 제가 늙어 죽기까지는 그 소임은 제게 맡겨진 거룩한 직책인 줄 알고 수행할 것이옵니다."

　월사 부인의 그와 같은 사실이 세상에 널리 알려지자 벼슬아치 가정에서는 검소한 기풍이 널리 퍼지게 되었다고 합니다.

6. 사라진 새벽종 소리

이 글은 어느 목회자의 옥중수기 중에서 발췌한 내용입니다.

"땡그렁~ 땡그렁~"

교회의 새벽종 소리가 소음공해로 낙인찍혀 우리 주위에서 사라진 지도 이미 오래 되었는데 어디선가 새벽종 치는 소리가 들려왔습니다. 꽤 멀리서 치는 듯 그 소리는 아주 은은하면서 맑기가 이를 데 없었습니다.

종소리가 들려오자 ○○씨가 졸음을 쫓는 듯 눈을 비비며 일어납니다. 이미 깨어 기도하던 저는 ○○씨의 두 손을 잡고 기도했습니다.

교도소 ―.

20여 명이나 되는 사람들이 네 평 반 좁은 공간에서 칼잠을 자는 처지이기에 찬송을 할 수도 없고 성경을 읽을 수도 없는 형편이었지만 은은한 새벽종 소리에 이미 영혼이 깨어난 우리들은 기도하는 것만으로도 은혜의 바다를 헤엄치고 있었습니다.

새벽종 소리!

예전에는 그 은은하게 들려오는 소리에 혹시 새벽잠을 설친 사람이 있었다고 해도 그 사람은 종소리를 탓하기보다 무언가 가슴에 번져오는 공명으로 인해 마음의 옷깃을 여미며 자신의 위치를 되돌아보는 성찰의 기회로 삼았었습니다.

그런데 어느 때부터인가 교회가 상업주의와 야합을 하더니 은은한 종소리 대신 볼륨을 한껏 높인 확성기의 시끄러운 소리에 잠자는 아기가 놀라 깨는 것은 물론 심지어 경기를 일으키는 일까지 생겼습니다. 영혼을 깨워야 할 새벽종 소리가 오히려 소음공해를 일으켜 영혼의 문을 닫아버리고 말았으니 이런 안타까운 일이 또 어디 있겠습니까.

결국 교회의 종소리는 소음공해로 규정되어 법의 제재를 받게 되었고, 어느 지역에 교회가 들어설 때 지역 주민의 동의를 받아야 되고 계약조건에는 종을 안 친다는 조항이 반드시 들어가야만 되더니 이제는 아예 교회에서 종 치는 것이 법으로 금지돼 버리고 말았습니다.

그야말로 자업자득, 자승자박이란 바로 이런 경우를 두고 생겨난 말이라는 생각이 듭니다. 그런데 참으로 이해할 수 없는 것은 이쯤 되면 교회가 크게 깨닫고 겸손히 회개하며 각성해야 꼭 옳을 것 같은데 오히려 사회를 향해 교회 핍박이니 교회를 향한 도전이니 하여 임전태세만 강화하다 오늘에 이르렀으니 회개는 사회의 몫이고 교회는 회개와 상관이 없다는 뜻인지요?

교회가 갈 길을 생각해 봅니다.

세상이 교회를 향해 돌을 던지면 그 돌을 맞고 침을 뱉으면 피하지 말고 뼈를 깎는 아픔을 감수하여 자정능력을 키워 나아가야 할 것입니다.

다시는 교회의 아름다운 전통이 상업주의에 내몰리는 일이 있어서는 안 될 것입니다.

7. 죄수가 목사로

1968년 크리스마스 날이었습니다.

전과자에다 마약중독까지 된 사람이 어느 교회에 예배를 드리러 갔으나 냉대를 받고 대로상에서 소주 5~6병을 마신 후, 찬송가를 목청껏 불러대다가 정신을 잃었습니다.

얼마 후 정신을 차렸을 때 그는 뜻밖에도 따뜻한 방 깨끗한 이불 속에 누워 있는 자신을 발견했습니다. 그 옆에는 예쁜 아가씨가 지켜보고 있었고요.

긴 머리의 그 아가씨는 자취생활을 하며 양재학원에 다니고 있었는데 그날 교회에서 돌아오다가, 그대로 두면 얼어 죽고 말 것 같은 생각에 대로상에 쓰러져 있는 사람을 택시에 태워서 집으로 데려왔다는 것이었습니다.

그 사람은 천사와 같은 아가씨에게 새사람이 될 것을 다짐하며 만나줄 것을 사정했으나 뜻을 이루지 못했습니다. 그는 시골에 계시는 아버지가 쓴 것처럼 만나자는 편지를 써서 보냈고, 하숙집 주인에게 일당을 주어 아버지가 시골에서 올라오는 것처럼 꾸민 끝에 결국 아가씨를 아내로 맞이하는 데 성공했습니다.

그러나 새사람이 되겠다는 약속은 쉽게 지켜지지 않았습니다. 군 복무 중 탈영하는가 하면 폭력을 휘둘러 교도소를 드나드는 등 생활은 말이 아니게 엉망이었습니다. 그래서 아내는 어린아이를 등에 업고 행상으로 연명하는 노고를 감수했습니다. 또 한 번 교도소에서 출감하던 날, 아내는 사글셋방의 궤짝 속에서 저금통장을 꺼내놓는 것이었습니다.

"웬 통장이오?"

눈이 휘둥그레져서 묻는 남편에게 아내는 침착한 목소리로 말했습니다.

"당신을 신학대학에 보내려고 내가 그동안 행상을 해서 모은 돈이에요. 지금도 늦지 않았어요. 공부하세요. 내가 열심히 도와드릴게요."

(이 이야기는 다메섹 교회를 개척한 이경진 목사님의 이야기로서 월간잡지 『샘터』에서 읽은 내용입니다.)

8. 세속에 물들지 않는 삶

요즈음 머리에 물 안 들인 사람이 없을 정도로 여자들뿐만 아니라 젊은 남자들의 머리도 가지각색입니다.

저는 우리 교회 여성도들에게도 머리에 물들이는 것, 귀고리 달고 예배에 참석하는 것, 매니큐어 바르는 것, 노출이 심한 옷을 입는 것, 성형수술 등에 대한 자제를 부탁하고 있습니다.

반발이 만만치 않습니다만, 말세를 사는 성도라면 이만한 각오쯤은 되어야 하리라는 생각으로 강행하고 있습니다. 그 이유는 이렇습니다.

1) 유행은 경건 생활을 방해하기 때문입니다

영원한 나라를 소망하며 영원히 변치 않는 말씀에 따라 살아가는 성도에게 있어서, 수시로 변하는 유행에 민감하다는 것은 그 근본정신부터가 합당치가 않은 것입니다.

유행은 경건 생활을 방해하기 때문에 언제나 성도에게 위험부담을 안겨 줍니다. 위험부담을 안아가면서까지 유행을 따를 이유가 없지 않습니까? 유행에 민감한 사람은 틀림없이 경건 생활을 사탄에게 빼앗긴다는 사실에 대해 경각심을 가져야 될 것입니다.

2) '스스로 깨달으면 하라고 해도 안 한다'고 합니다

그러나 스스로 깨달았을 때는 이미 그 유행이 지나갔거나 그 유행에 싫증을 느껴서 다른 유행을 찾고 있는 중일 것이고, 이미 유행에 익숙해져서 어떤 유행이든지 따르지 않고는 못 견디는 상태가 되어 버린 뒤입니다. 꼭 그렇다고는 할 수 없지만 대체로 잘못된 것은 강제로라도 고쳐주는 것이 최선입니다. 그냥 내버려두면 10년 후에나 깨달을 일도 매 한 대 때림으로써 당장에 고칠 수 있다는 사실은 진리입니다.

3) 유행에 따르면 안 되느냐고 반박하는 사람

옷은 시대와 유행에 따라 입으면서 머리 물들이는 것은 왜 유행에 따르면 안 되느냐고 반박하는 이도 있습니다

그러나 무슨 일이든지 깊이 생각해야 합니다. 지나치게 돌출적이 아닌 한 옷은 시대와 유행에 따라서 입는 것이 사실입니다.

하지만 옷은 인간이 고안해서 인간의 손으로 만들어 입는 것입니다. 하나님께서 인간의 자율에 맡기신 것은 대체로 인간의 기호와 특성에 따라

도 괜찮게 되어 있습니다. 그것도 물론 지나치면 안 되지만 말입니다.

그러나 머리(정확히는 머리카락)는 태어날 때부터 하나님께서 색깔을 지정해 주셨습니다. 또 외모도 하나님 선하신 뜻대로 각자에게 허락해 주신 선물입니다.

그것을 사람의 마음대로 뜯어고친다는 것은 하나님의 선물을 마땅치 않게 생각하는 불경일 것입니다.

물론 남에게 혐오감을 줄 정도로 심한 경우라면 성형수술이 용납되겠지만 유행을 따르기 위한 성형이라면 그것은 하나님의 권위에 정면 도전하는 행위임을 명심해야 할 것입니다.

4) 복음시대지 율법시대가 아니지 않느냐

'지금은 복음 시대이지 율법 시대가 아니지 않느냐. 성도의 생활을 제약하는 것은 율법적이다.'라고 말하는 이도 있습니다.

그러나 '복음적인 생활'과 '율법적인 생활'의 구분을 확실히 해야 할 것입니다.

사람(혹은 성도가)이 마땅히 해야 할 일 중에서 억지로 하면 그것은 율법적인 생활이고, 사랑으로, 자발적으로 하면 그것은 복음적인 생활이라고 말할 수 있습니다.

머리에 물들이는 일이나 성형수술 등은 사람이 마땅히 해야만 될 일도 아니고 하나님을 경외하는 일은 더더욱 아니며 이웃을 배려하는 일도 아닐 뿐만 아니라 철저히 자기만족만 추구하는 것이기 때문에 절대로 '복음적'인 생활이 될 수 없습니다.

반면 경건에 힘쓰는 생활은 하나님께서 기뻐하시는 생활이고 주님께서 친히 명하신 것이기 때문에 성도의 생활을 제약하는 것이 아니며 경건 생활이야말로 바로 복음적인 생활이 되는 것입니다.

5) 유행에 민감한데도 신앙생활만 잘한다?

'어떤 사람은 유행에 민감한데도 신앙생활만 잘하고 그 자녀들도 다 잘되더라'는 이유를 대는 사람도 있습니다.

그럴 수도 있습니다. 그러나 그런 경우를 가지고 '유행에 민감해도 신앙생활만 잘하고 그 자녀들도 다 잘만 되더라'는 근거를 삼을 수 없습니다. 오히려 유행에 민감했는데도 불구하고 하나님께서 큰 은혜로 지켜주셨음을 감사해야 할 일입니다. 이마에 식은땀을 흘리면서 말입니다.

또 유행에 민감하지 않고 경건 생활에 더욱 힘썼더라면 더 큰 은혜가 있었을 것이 분명한데 그렇지 못했음을 회개해야 마땅하지 않겠습니까?

6) '경건 생활 강조와 전도의 문'

'경건 생활을 너무 강조하므로 전도의 문을 막는 결과를 가져온다.'라고 생각하는 사람도 있습니다.

그러나 결코 그렇지 않습니다. 어떤 교회가 경건 생활을 너무 강조하기 때문에 그 교회에 가지 못하겠다는 사람이 있다면 그 교회야말로 참으로 명예로운 교회일 것입니다. 왜냐하면 그 교회를 통해서 변화될 사람이 많을 것을 예고해 주는 일이기 때문입니다.

생각해 보십시오. 유행에 민감한, 아니 유행 감각에 뛰어난 교인을 보고 감동을 받아 예수님을 영접한 경우를 단 한 번이라도 본 일이 있습니까?

반대로 경건 생활에 뛰어난 사람을 보고 감동을 받아 교회의 문을 두드린 사람이 부지기수로 많은 것을 우리는 잘 알고 있습니다.

이 시대의 목회자들은 누구보다도 경건 생활에 뛰어나야 할 터임에도 불구하고 그렇지 못할 뿐만 아니라 오히려 세속에 영합하는 경우까지 있으니 위기의식을 느끼지 않을 수 없습니다.

이스라엘 사람들이 귀고리를 떼어서 우상을 만든 사실을 기억하십시오(출 32:1-6). 사치품은 언제든지 우상으로 돌변할 수 있다는 사실에 대해 우리는 경각심을 가져야 할 것입니다.

야곱의 딸 디나가 사치품 자랑하러 나갔다가 강간을 당하고 이스라엘 전체에 누를 끼친 사실을 잊지 말았으면 좋겠습니다(창 34장).

지금이야말로 비상하게 경건을 요구하는 시대임을 목회자들뿐만 아니라 온교회가 깊이 깨달았으면 좋겠습니다.

9. 따뜻한 손

전주의 봉사단체로 '겨자씨나눔선교회'가 있습니다. 독거노인이나 장애인을 위해서 이동 목욕과 심방을 실시하며 가정 호스피스를 통해 섬기고 있습니다.

저는 심방을 담당하고 있는데, 중요한 것은 교회의 손길이 미치지 못하는 부분을 선교회가 효과 있게 감당한다는 사실입니다. 많은 분들이 복음을 듣고 예수님을 영접하여 소망 가운데 기쁨의 삶을 살고 있습니다.

진안(전북) 지역의 김○○ 할머니를 심방했을 때였습니다. 할머니는 중풍으로 세 번째 쓰러지신 후 1년여 자리보전을 한 채 누워 계시는 분이었습니다.

자녀들은 모두 객지에 나가 살고 81세 되신 할아버지 혼자 할머니 병간호를 하시며 수발을 들고 계셨는데 방안이 무척 깨끗하고 정돈이 잘 되어 있었습니다.

세 번째 쓰러지신 뒤부터 할머니는 정신이 혼미하여 자녀들에게도 횡설수설하기가 일쑤라고, 그래서 아무리 설교를 해도 못 알아듣는다고 할아버지께서 귀띔을 해주셨습니다.

제가 할머니의 두 손을 꼭 잡아드리자 할머니는 한참이나 제 눈을 똑바로 쳐다보고 계셨는데 그 눈에는 신뢰와 애정의 빛이 가득 담겨 있었습니다.

한참이나 제 눈을 바라보시던 할머니께서,

"손이 따뜻해……."

하시며 제 손을 꼭 잡아주셨는데 할머니의 손은 오히려 제 손보다도 더 따뜻하게 느껴졌습니다.

얼마나 따뜻한 손이 그리웠으면, 얼마나 당신의 손 한 번 잡아드린 게 고맙게 느껴지셨으면 그렇게도 깊은 신뢰와 애정을 처음 보는 사람에게 쏟으셨을까.

몸이 성했을 때는 가까운 교회에도 나가셨다는 할머니는 예배드리는 중에 찬송가도 따라서 하셨고 기도 후에는 '아멘'도 하셨는데 그 모습이 또한 어여쁘셨습니다.

남에게 감동을 주는 일이 이렇게도 쉬운데 세상은 왜 자꾸 차가워지기만 하는 것일까요? 목회자 한 사람이 독거노인 한 분의 손만 잡아드린다고 해도 우리 사회는 훨씬 따뜻해지리라는 생각을 해보았습니다.

10. 어떤 사람들은 목사를 보고 '다 도둑놈들'이라고 합니다

벌써 30여 년의 세월이 흘렀습니다만 피치 못할 사정으로 교도소에 수감되어 재판을 받은 일이 있습니다.

목사가 교도소에 들어왔다는 소문이 퍼지자 교도소 사람들은 무슨 동물 구경이라도 하듯 우르르 몰려와서 야유를 퍼붓는 것이었습니다.

인생의 맨 밑바닥이라고 하는 교도소에서 가릴 것도 숨길 것도 없이, 염치도 체면도 돌아보아야 할 이유가 전혀 없는 상태에서 허심탄회하고도 단도직입적으로 표현된 목사의 실상은 '모두가 도둑놈'이라는 것이었습니다. 그것은 가히 현기증을 일으킬 만치 큰 충격을 주는 폭탄선언이 아닐 수 없었습니다.

물론 그네들이야 세상에서 죄나 짓고 교도소 드나들기를 제집 안방 드나들 듯하는 사람들이니 지극히 편협하고 악의적인 발상에서 목사와 교회를 터무니없이 몰아붙이는 악질적인 사람들의 불평쯤으로 치부하면 그만일 수도 있을 것입니다.

그러나 유감스럽게도 현실은 그들의 말을 반박할 수 있는 위치에 서 있지 못한 것을 인정하고, 교회와 목회자들에게 반성을 촉구하는 목소리에 겸손히 귀를 기울여야 할 때라고 생각합니다.

목사들이 무슨 도둑질을 해서 '도둑놈' 소리를 듣는 것은 아니겠지요. 그것은 목회자들에게 거는 기대가 어긋남에서 오는 실망의 목소리인 줄 압니다.

멸시에 찬 눈초리와 목회자를 싸잡아 성토하는 온갖 비난의 목소리, 그리고 은연중에 행해지는 모멸과 구박 ―.

그런 가운데서 제가 할 수 있는 일은 오직 기도하는 일뿐이었습니다. 거의 한밤 내내 기도했습니다.

감히 말씀드리거니와 그때처럼 절실히 기도한 적은 없었습니다. 비로소 기도다운 기도를 했다는 생각이 들었습니다.

목사가 되어 첫 목회를 시작한 이래 40년이 넘도록 매주 수요일 밤과 토요일 밤 및 주일 밤은 예배당 바닥에 엎드려 기도한답시고 했지만 그것은 기도가 아니라 흉내에 지나지 않는 것이었음을 고백하지 않을 수 없었습니다.

저의 잠자리는 항상 변소 옆이었습니다. 한여름이라 구더기가 기어 나오고 냄새가 지독했지만 개의치 않았습니다.

그렇게 하루하루가 지나는 동안 교도소 안의 분위기가 달라지기 시작했습니다. 20여 명 되는 사람들이 모두 아침저녁으로 드리는 예배에 참석했고 찬송하는 소리가 그치지 않았습니다. 새벽마다 일어나서 조용히 기도하는 사람도 생겼고 재판을 받으러 가는 사람들은 예외 없이 목사인 저에게 기도를 부탁했습니다.

드디어 '목사님을 보니까 하나님이 정말 살아 계시는 것 같다.'든가, '목사님을 알고 나서 목사에 대한 인식이 새로워졌다.'는 진실된 말로 위로하는 사람이 늘어갔고, '사람이 되려면 저 정도로 돼야지.' 하는 말이 그들의 입에 오르내리게 되었습니다.

제가 집행유예 선고를 받고 출소하기 전날 밤, 그들은 특별히 변소와 가장 먼 곳에 손수 잠자리를 보아놓고 저로 하여금 그 자리에서 자기를 권했습니다.

그리고 그들은 진지한 표정으로 이렇게 말했습니다.

"목사님이 나가시면 다른 목사님을 보내 주십시오."

이제까지 제 자랑을 늘어놓은 것 같아 마음이 편치 않습니다. 그러나 이 시대 우리 목회자들이 세상 사람들에게 어떻게 인식되고 있는가를 사실적으로 알려드리고 싶은 마음에서 많이 망설인 끝에 결국 말씀드렸습니다.

감히 한 말씀 더 드리고 싶은 것은, 세상 사람들은 목사를 향해서 입으로는 '다 도둑놈들'이라고 비난을 퍼붓고 있지만 그들의 속마음은 '참된 목회자'를 찾고 있다는 사실입니다.

그것도 목이 마르도록……

11. 종을 목사로 길러낸 주인

경상도에 살던 한 청년이 먹고살기 위해 집을 나섰습니다.

"밥이라도 먹고살려면 넓은 평야가 있는 김제를 찾아가게."

동네 사람들의 말을 따라 김제 땅을 밟은 청년은 어느 부유한 집 마부로 일을 하게 되었습니다. 아침이면 말을 먹이고 말수레를 끌고 주인의 말고

삐를 잡는 그런 일이었습니다.

1894년, '예수 믿고 구원받으시오' 하는 데이트(한국 이름 최희덕) 선교사의 전도를 받고 주인과 마부가 한날한시에 입교인이 되었습니다.

교인이 늘어나 두 사람 다 영수가 되어 교회를 열심히 섬겼습니다. 또 몇 해가 지나 이번에는 장로 투표가 있었습니다. 그 교회에 다니는 사람들은 물론이려니와 교회에 다니지 않는 동네 사람들조차 보나마나 주인이 장로로 선출될 것을 믿어 의심치 않았습니다.

그러나 누가 예상이나 했겠습니까! 주인은 떨어지고 마부가 장로가 되었습니다. 주인의 자존심이 얼마나 상했을까요, 얼마나 체면을 구겼다고 펄쩍 뛰었을까요! 마부 따위, 당장에 내쫓아버리고 자기를 알아주지 않는 교회를 당장 집어치워 버렸을 법도 합니다.

그러나 주인은 아무 내색도 하지 않고 더 열심히 교회를 섬기는가 하면, 1908년에는 마부를 평양신학교에 입학시켰습니다. 그리고 자신은 영수로서 주일예배와 삼일예배, 새벽예배를 이끌어갔습니다.

주인도 늦게 장로 장립을 받았고, 신학을 졸업한 마부를 담임목사로 청빙했습니다. 마부는 훌륭한 목사가 되어 장로회 총회장을 세 번이나 역임했습니다.

이분이 바로 이자익 목사요, 주인은 조덕삼 장로인데 그 교회 이름은 김제금산교회입니다.

12. 장사꾼만도 못한 정치인의 도리

상업을 천시하던 조선시대였지만 상인으로서 그 이름을 후대에 남긴 사람은 참으로 많습니다.

하늘이 낸 큰 부자라고 불렸던 임상옥을 비롯하여 깐깐하기로 소문난 청나라 상인들에게 고종황제의 어음보다 더 신용을 샀던 이덕유 하며, 곧

경에 처한 중국 상인을 구제하여 상인의 도리를 크게 빛낸 전상복 등이 그 대표적 인물이라고 할 수 있습니다.

임상옥에 대해서는 최인호 선생의 소설과 2003년도 MBC에서 방영한 「상도」를 통해 익히 알고 있을 것입니다.

또한 이덕유에 대해서는 제가 매달 발행하는 『바른목회』54호에 소개한 바 있어서 대략 아시겠습니다.

오늘은 전상복을 소개합니다.

전상복은 평양의 상인이었는데 큰 상선으로 중국과 무역을 했습니다. 원래는 가난한 나무꾼이었지만 근면하고 정직한 그는 나무를 팔아 돈을 모아서 장사를 시작했고 많은 사람에게 신임을 얻어 중국과 무역을 하는 수준에까지 이르렀습니다.

원래 상업이란 그 특성상 이문을 남기는 것이 목적이지만 그는 힘써 번 돈으로 어려운 이웃을 정성껏 돌보았습니다.

어느 날이었습니다.

중국 상인들이 많이 모여드는 서해 가도라는 섬에서 낙심천만이 된 중국 상인 한 사람을 만났습니다.

그 중국인은 상리병이라는 사람으로 중국 남경 출신 상인이었는데 항해 중 배가 침몰해 물건을 다 잃었을 뿐만 아니라 여러 사람이 물에 빠져 죽고 겨우 3명만 목숨을 건졌다는 것이었습니다.

가도에 아는 사람이 있어서 찾아갔지만 이미 죽었기 때문에 고향으로 돌아갈 길마저 막힌 딱한 처지에 놓여 있었습니다.

이야기를 들고 난 전상복은 우선 따뜻한 음식으로 세 사람을 대접한 다음 상리병에게 장사할 물건을 주고 돈까지 주었습니다.

상리병이 의아한 표정을 지으며 어쩔 줄 몰라 하자 '길손은 노자만 있으면 되지만 상인은 밑천이 필요한 법'이라며 열심히 장사하여 1년 후에 여기서 만나자고 했습니다.

약속대로 1년 후 두 사람이 만났을 때 전상복에게 무수히 치하하며 감사의 뜻을 표한 상리병은 지난날 받은 물건값을 셈했을 뿐만 아니라, 은으로 된 열쇠 꾸러미를 선물로 주었습니다.

또 1년이 지났습니다.

대동강에 큼직한 중국 상선이 정박을 하더니 값진 물건이 가득 찬 상자들을 전상복의 집으로 날랐습니다. 대체 어떻게 된 일이냐고 전상복이 물었을 때,

"당신은 이미 이 상자들의 열쇠를 가지고 있습니다."

이것이 상리병의 대답이었습니다.

13. 네가 어디 있느냐

아담이 범죄하고 동산 나무 아래 숨었을 때 하나님께서 아담에게 물으셨습니다.

"아담아, 네가 어디 있느냐?"(창 3:9)

지금 상황은 하나님께서 아담이 어디에 있는지가 궁금하신 게 아니라 하나님을 피해 숨은 아담을 책망하고 계시는 것입니다.

한편 아브라함을 찾아오신 하나님께서

"네 아내 사라가 어디 있느냐?"

하고 물으시는 내용이 있습니다(창 18:9). 지금의 상황은 내실에서 열심히 가사를 돌보는 사라에게 복을 주시려고 찾으시는 내용입니다.

자칫 우리는 두 질문 "아담아, 네가 어디 있느냐."와 "네 아내 사라가 어

디 있느냐" 하는 문장에서 '어디'라는 단어만 중요시할 수 있습니다. 전혀 틀린 것은 아니지만 놓쳐서는 안 될 더욱 중요한 부분이 있습니다.

예를 하나 들어 보겠습니다.

제가 모 고등학교 장학생 선발 시험에 응시했을 때 영어에 이런 문제가 출제된 적이 있었습니다.

"여기가 어디입니까?" 하는 문장을 영어로 번역하면?

요즈음 중학교 3학년 학생 중 이 문제의 답을 정확히 제시할 수 있는 학생이 몇 명이나 될지 모르겠습니다만 당시 거의 모든 학생이 "Where is here?"라고 썼습니다. 그러나 이미 이 문제를 다루어 본 경험이 있는 저는 자신 있게 'Where am I?'라고 정답을 썼습니다.

"Where is here?"를 직역하면 "여기가 어디입니까?"로 번역되고 "Where am I?"는 "내가 어디 있습니까?"로 번역됩니다. 그렇다면 "Where is here?"가 정답일 것 같은데 어째서 "Where am I?"가 정답일까요?

영어깨나 공부했다는 사람이라면 '여기'라는 분명한 장소를 말해 놓고 또다시 '어디'라는 장소를 물어보면 중복된 질문이기 때문에 'Where is here?'는 틀린 문장이라고 설명할 것입니다.

그러나 저는 외국어를 어법대로 해석하는 문제를 떠나 다른 각도에서 이 문제를 생각해 보고자 합니다.

예를 들어 "아담아, 네가 어디 있느냐, 네 아내 사라가 어디 있느냐" 하는 문장에서 중요시해야 할 단어는 '어디'라는 장소가 아니라 '아담, 사라' 등 '사람'이라는 사실입니다. 그것도 보통 사람이 아닌 하나님의 사람 즉 '성도'이기 때문에 더욱 중요한 것입니다.

성도는 행동도 가려서 해야 하고 언어나 복장, 장소 등 가려야 할 일들이 많습니다. 성도(聖徒)란 곧 '구별된 사람'을 뜻하기 때문입니다. 성도가 아닌 세상 사람들이야 무슨 말을 하든 무슨 짓을 하든 어느 장소에 있든 무슨 상관이 있겠습니까.

그러나 성도가 지켜야 할 법도를 지키지 않고, 의무를 이행하지 않고, 있어서는 안 될 장소에 있게 된다면 문제는 간단하지가 않습니다. 세상 사람들은 그 성도 자신뿐 아니라 교회를 싸잡아 비난할 것입니다. 하나님의 영광이 여지없이 가려질 것입니다.

그런 의미에서라도 성도는 자신이 지금 어떤 행동을 하고 있으며, 무슨 말, 무슨 복장을 하고 있으며, 있는 곳이 어디인가를 항상 물어야 할 것입니다.

그러므로 성도의 질문은 언제나 "Where is here?" 즉 "여기가 어다냐?"가 아니라 "Where am I?" 즉 "(성도인)내가 지금 어디 있느냐?"가 되어야 할 것입니다.

14. 교회 다니시지요?

군 복무를 마치고 예비군 훈련을 받을 때 일입니다. 3박 4일간 군부대에 입소하여 현역 때의 보직 능력을 점검하는 차원의 훈련이었습니다.

훈련 마지막 날 밤이었습니다. 훈련을 다 마쳤다는 후련함과 며칠 동안이지만 속박에서 벗어났다는 자유로움을 누리고 싶은 사람들이 영내를 벗어나 한잔하다 보니 도를 넘은 모양입니다.

한참 자고 있던 저는 무슨 뜨듯한 액체 같은 것이 목줄기를 타고 내려오는 듯한 감각과 함께 "웩! 웩!" 하는 소리에 잠이 깨었습니다.

그런데 이게 웬일입니까. 바로 내 옆에서 자던 사람이 인사불성이 되어서 마구 토해내는데 그 구토물 중 일부가 제 목을 타고 등에까지 흘러내리고 있었습니다.

저는 얼른 일어나서 속옷을 벗어버리고 몸을 씻은 다음 대야에 물을 떠다가 그 사람을 씻겨주었습니다. 내무반 통로에 흩어진 구토물도 깨끗이 닦아내고 뒷정리도 말끔히 처리했습니다.

아침밥을 먹을 때였습니다.

"교회 다니시지요?"

지난밤 구토를 한 사람이 미안한 표정이 가득 담긴 표정을 한 채 저에게 건넨 첫마디였습니다.

그 한마디의 말에는 '미안하다, 죄송하다, 실수를 용서해 달라.'라고 하는 말 외에도 수많은 뜻이 담겨 있음을 느꼈습니다.

그 사람은 따귀 맞을 각오를 단단히 하고 있었는데 오히려 자신을 씻겨줄 뿐 아니라 내무반 통로까지 깨끗이 정리하는 것을 보고 기독교 신자라는 것을 느꼈다는 것이었습니다.

'빛과 소금'의 생활은 말로써가 아니라 행동으로 나타난다는 사실을 체험한 소중한 시간이었습니다.

15. 식사 기도

제가 서울의 'ㄱ'중학교에 교사로 부임하여 첫 수업을 하던 날 점심을 먹을 때였습니다. 벌써 거의 50년이 지난 당시에는 교사들이 각각 점심 도시락을 싸 왔습니다.

도시락을 앞에 놓고 식사 기도를 했더니 함께 둘러앉은 교사들이 깜짝 놀라는 것이었습니다. 왜들 그러느냐고 물었더니 '변 선생님 신앙이 대단하다.'는 것이었습니다.

교사들 중에는 규모가 큰 교회의 여전도회장도 있었고 학생회 부장 집사도 있었고 교회의 제직들이 꽤 여러 명 되었습니다. 그런데 여태까지 기도하고 점심을 먹은 적이 한 번도 없었다는 것이었습니다.

다음날부터는 제가 대표로 기도하거나 혹은 각자 기도하고 식사를 하는 것이 어색하거나 부자연스럽게 느껴지지 않게 되었습니다.

한 사람이 모범을 보이면 여러 사람이 따르게 되어 있습니다.

16. 과연 목사님이다

제 큰아이 이름이 '으뜸'입니다. 신앙생활에 으뜸 되는 사람으로 자라기를 바라는 마음에서 그렇게 지었습니다.

으뜸이가 유치원 입학해서 봄 소풍을 갔던 날이었습니다. 학생 수가 얼마 안 되는 시골 학교라 유치원에서 6학년까지 같은 날 같은 장소로 소풍을 갔습니다.

아내는 으뜸이 동생 아름이를 업은 채 으뜸이를 따라갔고 저는 이웃 교회 전도사님과 함께 자전거를 타고 뒤따라갔습니다. 목적지는 학교에서 제법 먼 거리에 있었고 근처 인가와도 꽤 떨어진 산 중턱의 저수지였습니다.

날씨도 화창한 봄날, 기분이 참으로 상쾌했지요. 더구나 난생 처음으로 학부형이 되어 소풍을 따라가는 것이고 보니 감회도 새로웠습니다.

근데 이게 웬일입니까? 저수지 둑에 앉아 도시락을 풀어 몇 숟가락 떠 넣었을 때였습니다. 갑자기 하늘에 먹구름이 끼기 시작하더니 삽시간에 사방이 캄캄해지며 금방이라도 억수 같은 소나기가 쏟아질 듯 천둥 번개가 쳐대기 시작하는 것이었습니다.

혼비백산이라는 말을 저는 그때 처음 실감했습니다. 학생이며 교사들, 그리고 따라온 학부형들 모두가 허겁지겁 뛰어 하산하기 시작했습니다.

저수지 둑에서 큰길로 나가기 위해서는 작은 내를 건너야 하는데 사람들은 당황한 나머지 어린이들의 안전을 도모할 여유마저 잃어버린 것 같았습니다. 교사들마저 통제력을 상실하고 우왕좌왕했고요.

당장에라도 벼락이 떨어질 것같이 번쩍이는 번개 하며 고막을 찢는 듯 우르릉 꽝! 하는 천둥소리, 그야말로 아비규환이었습니다.

저수지 둑에 즐비하게 널려 바람에 나부끼는 휴지 조각하며 쓰레기—. 저는 혼자 남아 이런 것들을 주워 모았습니다. 아이들이 놀던 자리를 깨끗이 치우고 휴지는 가져다 나중에 태워버렸습니다.

학생들과 교사들, 그리고 학부형들이 모두 철수하고 난 뒤 마지막 정리를 끝낸 저는 자전거를 타고 힘껏 달려 사람들이 대피해 있는 근처의 초등학교로 갔습니다.

제가 초등학교에 도착하자마자 장대 같은 소나기가 쏟아져 삽시간에 시뻘건 흙탕물이 학교 운동장으로 콸콸 흐르는 것이었습니다.

"과연 목사님이다!"

누군가의 입에서 이런 탄성이 터져 나왔습니다. 저는 그 소리가 내 귀에 들린 것이 흐뭇한 것보다 무난히 대피하도록 참아두셨다가 모두 대피한 뒤에 비를 내리신 주님께 감사를 드렸습니다.

그런데 "과연 목사님이다!" 하는 소리는 오랫동안 제 귀에서 맴돌았습니다.

17. 별의 특징

성경에 별은 교회와 성도 그리고 특별히 목회자를 상징합니다(계 1:20).

그러면 왜 주님께서는 교회와 성도, 그리고 특별히 목회자를 별에 비유하셨을까요? 별의 특징을 살펴보면 답이 보입니다.

1) 높이 떠 있음

별은 하늘 위에 높이 떠 있습니다. 그래서 세상의 오염이 미치지 못합니다. 시끄러운 세상을 초연한 모습으로 비춰주고 있습니다.

'성도'란 '구별된 사람들'이란 뜻입니다. 그러므로 삶이 초연해야 합니다. 세상과 짝이 되어 살면 안 됩니다.

간음하는 여자들이여 세상과 벗 된 것이 하나님의 원수임을 알지 못하느뇨 그런즉 누구든지 세상과 벗이 되고자 하는 자는 하나님과 원수 되게 하는 것이라(약 4:4).

이 말씀을 우리는 가슴에 새겨야 하겠습니다.

성도는 마땅히 오염된 세상을 정화하는 능력을 보유해야 합니다. 심하게 오염된 지역에서는 별이 안 보입니다.

2) 어둠을 밝혀 줍니다

어두운 밤일수록 별은 더욱 영롱한 빛을 발합니다. 세상이 아무리 오염이 되었어도 교회가 사명에 철저하면 어둠을 걷어낼 수가 있습니다.

3) 해가 뜨면 자신을 숨어버립니다

철저히 겸손한 모습입니다. 또한 사명을 감당하는 일꾼의 모습이기도 합니다.

4) 길을 인도합니다(방향 제시)

별 중에 북극성은 항상 북쪽을 가리키고 있습니다. 그래서 나침반이 없을 때나 방향감각을 잃었을 때 북극성을 보고 방향을 가늠할 수 있습니다. 실제로 6·25전쟁이나 1·4후퇴 때, 칠흑같이 어두운 밤에 북극성으로 방향을 잡아 남으로 온 사람들이 많습니다.

이 시대의 성도(교회)는 모름지기 현대인의 길잡이가 돼야 합니다.

5) 때를 알려 줍니다

샛별(새벽 금성)은 날이 샜음을 알려 줍니다. 시계가 없을 때 부지런한 농부는 샛별과 더불어 일어나 일할 준비를 하였습니다. 또한 개밥바라기(저녁

금성)는 저녁 시간을 알려 주는 별입니다. 일꾼들이 일손을 놓고 집으로 돌아가는 시간입니다.

오늘날의 성도(교회)는 지금이 어느 때인지를 세상에 알려 줘야 합니다.

또한 너희가 이 시기를 알거니와 자다가 깰 때가 벌써 되었으니 이는 이제 우리의 구원이 처음 믿을 때보다 가까이 왔음이라(롬 13:11).

18. 성실하고 정직한 삶

어떤 아가씨가 대기업 사장실 비서로 근무하게 되었답니다. 그러나 기쁨도 잠시, 이 아가씨는 심각한 고민에 빠지게 되었습니다. 본의 아니게 거짓말을 해야 하는 경우가 자주 발생했기 때문이었습니다.

예를 들면 사장이 번연히 집무실에 있는데도 상대방에 따라서 '없다'고 해야 되는 경우가 그것이었습니다. 생각하기에 따라서는 아무것도 아닌 일 같고, 또 그것이 관례이므로 양심의 가책까지 느낄 필요가 없다고 자위할 수도 있을 것입니다.

그러나 어려서부터 철저히 신앙교육을 받고 자란 아가씨로서는 심각한 고민거리가 아닐 수 없었습니다.

어느 날 아가씨는 사표를 써 들고 사장을 찾아갔습니다. 사직의 이유를 묻는 사장에게 아가씨는 자신의 심정을 솔직히 고백했습니다.

이유를 듣고 난 사장은 오히려 기뻐하면서 아가씨의 아름다운 믿음과 정직성을 높이 평가하여 중역으로 채용했다고 합니다.

19. 말(언어)의 무게

2005.11.11. 『침례신문』에 실린 정영진 목사님의 글입니다.

푸줏간 돌쇠에게 두 사람의 양반이 고기를 사러 왔습니다.

먼저 온 양반이 고기를 주문합니다.

"이놈 돌쇠야, 고기 한 근 다오."

다른 양반도 고기를 주문합니다.

"이보게나 돌쇠네, 나도 고기 한 근 주게."

돌쇠가 고기 한 근씩을 잘라서 두 양반에게 줍니다. 그런데 고기의 양이 다릅니다. 먼저 온 양반이 불만을 터뜨립니다.

"이놈아, 왜 양이 다르냐?"

돌쇠가 해명을 합니다.

"손님 것은 '돌쇠놈'이 자른 것이고, '이 어른' 것은 '돌쇠네'가 자른 것이라 다를 수밖에 없습죠."

'말 한마디에 천 냥 빚을 갚는다.'는 속담이 있습니다. 말을 가려서 잘했을 때 돌아오는 유익에 대한 교훈입니다.

지금은 가히 예절이 실종된 시대라 할 만합니다. 언어 예절, 의복 예절, 인사 예절, 식사 예절 등 모두가 경망스럽고 가볍습니다.

교회마저 '실종된 예절'을 방치해서는 안 되겠습니다.

20. 집(성도의 음주, 흡연)

건물은 누가, 혹은 무엇이 사느냐에 따라 이름이 달라지며 그 가치도 엄청난 차이가 날 수 있습니다. 몇 가지 예를 들어 봅니다.

*소(巢): 새와 같은 날짐승이 사는 곳. 둥지.

*굴(窟): 늑대와 같은 길짐승이 사는 곳.

*소굴(巢窟): 사람답지 않은 사람 즉 도적이나 강도 등이 숨어 사는 곳.

*우리: 가축과 같이 유익한 짐승이 사는 곳.

*집: 보통의 사람이 사는 곳.

*궁궐: 임금이 사는 곳.

*절: 중들이 모여 사는 곳.

*성전: 성도들이 하나님께 예배드리는 집, 성령께서 거주하시는 곳.

성도의 몸은 성령께서 터 잡고 내주하시는 성소에 비유됩니다(고전 6:9). 성도가 음주와 흡연을 금해야 하는 이유 중의 하나가 성도의 몸이 곧 성소이기 때문이라고 생각합니다. 음주와 흡연은 성령님을 모독하는 행위이기 때문에 엄히 금해야 한다고 생각합니다. 하나님의 거룩한 전을 강도의 굴혈로 만들어서는 결코 아니 되겠습니다(마 21:13).

인구 비율로 따져서 기독교인과 예배당이 가장 많은 나라에서 술 소비량과 담배 소비량이 세계 최고라는 건 정말로 부끄러운 일이 아닐 수 없습니다.

21. 수많은 사람을 살린 '사마리아인의 사랑'

중국의 장개석 총통은 전쟁 중에도 성경을 열심히 읽은 사람이라고 합니다.

중·일 전쟁이 끝났을 때, 장 총통은 일본인에게 재산까지 주어가면서 안전 귀국을 보장했던 것이니, 장 총통의 대국적인 아량은 이미 쩨쩨한 일본 사람을 이기고 있었던 것입니다.

일본 사람을 안전히 돌려보내면서 장 총통은

"나는 일본인을 '사마리아인의 사랑으로 대하겠다.'고 선언하며 그대로 실천했다고 합니다. '선한 사마리아인의 사랑'이 수도 없이 많은 일본 사람을 살린 것입니다.

장 총통은 주일마다 교회에 나가서 고관들과 함께 예배를 드렸다고 합니다. 30세 안팎의 젊은 목사가 손짓을 해가며 정부 고관들의 부정부패를 통탄하여 총통의 면전에서 쏘아붙일 때 그는 고개를 숙인 채 묵묵히 듣고만 있었다고 합니다.

그러한 중국이 공산화가 된 것은 만성화된 부정부패를 뿌리 뽑지 못한 사실에 있음을 생각할 때 안타까운 마음을 금할 수 없습니다.

마땅히 우리의 반면교사로 삼을 일입니다.

22. 너희가 히포크라테스를 아느냐?

지난 2000년 6월, 의약 분업의 문제로 의사들의 반발이 절정에 이르러 병원들이 문을 닫았을 때, 치료받지 못해 목숨을 잃는 사람들이 속출했습니다.

의사들의 횡포에 많은 시민단체가 시위를 벌였는데 그중에는 '너희가 히포크라테스를 아느냐?' 하는 문구가 새겨진 피켓을 든 사람도 있었습니다.

히포크라테스가 누구입니까?

히포크라테스야말로 의성(醫聖)으로 존경받는 인물인데 '히포크라테스의 의계(醫戒)'는 현대에도 변함없는 의도(醫道)의 기초가 되고 있습니다. 모든 의사들이 의사가 되기 전에 히포크라테스의 이름으로 선서를 하는 것입니다.

그러한 의사들을 향하여 '너희가 히포크라테스를 아느냐?'고 묻는다면 그 물음은 의사들에게 얼마나 치명타가 되겠습니까.

그 물음은 '너희가 과연 히포크라테스의 정신으로 인술을 펼치고 있느냐?' 하는 질타가 아니겠습니까?

그 충격적인 문구를 보는 순간 저 자신도 모르게 가슴이 뜨끔해지며 이러한 내면의 외침 소리가 들리는 듯했습니다.

너희가 예수님을 아느냐?

예수님을 모르는 목사가 어디 있겠습니까? 문제는 예수님의 그 말씀과 그 사랑을 목사인 너희들이 실천하고 있느냐고 하는 질타를 들을 수밖에 없는 것이 목회 현장의 실상인 것입니다.

우리가 주님의 그 사랑을 실천하지 못한다면 예수님을 안다고 할 수 없을진대, 의사들을 향해서 '너희가 히포크라테스를 아느냐?'고 한 질타는 오늘의 목회자들을 깨우치고자 하시는 주님의 책망인 줄 알고 귀담아들어야 하리라고 생각합니다.

23. 엿보는 행위는 짐승의 짓

몰래카메라를 설치해서 남의 사생활이나 은밀한 곳을 엿보는 이들이 많아졌습니다. 적발되면 처벌을 받습니다만 처벌이 무서워서 엿보는 행위를 접는 수준이 돼서는 안 될 것입니다. 엿보는 행위는 짐승의 짓이기 때문입니다.

'엿보다'의 고어는 '엿보다'인데, '엿'은 '여우'를 뜻하는 옛말입니다. 그러므로 '엿보는' 행위는 여우가 주위의 눈치를 할금할금 살피는 것처럼 남의 눈치를 살펴 가며 나쁜 짓을 하는 자세입니다.

영어사전에 보면 'peeping Tom'이란 말이 실려 있습니다. 그 뜻은 '엿보기 좋아하는 호색가'라고 풀이가 되어 있습니다. 이 말이 생긴 유래는 이렇습니다.

11세기 영국 코번트리 시에 레오프릭 백작의 영지가 있었습니다. 그런데 백작은 무거운 세금을 부과해서 주민들에게 원망을 샀습니다. 백작의 부인이 세금을 감면해주기를 요청했습니다. 그때 백작은 조건을 하나 내걸었습니다.

"당신이 나체로 말을 타고 영지 한 바퀴를 돌면 그 청을 들어주겠소."

백작은 거부의 뜻으로 말한 것이었지만 부인은 약속을 지키라는 다짐을 두고는 벌거벗은 몸으로 말을 탄 채 영지를 한 바퀴 돌았습니다.

이 소식을 들은 주민들은 백작 부인이 영지를 한 바퀴 도는 시간에 문을 닫을 뿐만 아니라 창문의 커튼을 내리고 밖을 내다보지 않았습니다.

그런데 양복점 직공인 톰(Tom)이라는 청년이 백작 부인의 나체를 훔쳐 보다가 그만 눈이 멀었다고 합니다. 엿보는 행위는 짐승이나 하는 짓이라는 사실을 하늘이 일깨워 준 것이겠지요?

24. 무모한 정직(?)

6월은 현충일과 6·25가 들어 있는 달입니다. 해마다 6월이면 생각나는 분이 있습니다.

감리교 교인인 박윤구 권사님이 공산당을 피해 같은 교회 성도들과 함께 남하하던 중 인천의 어느 섬에 이르렀을 때 그만 모두 인민군에게 붙잡혔습니다. 인민군들은 특별히 기독교인들을 색출하여 처형하는 데 혈안이 되어 있었습니다.

인민군 장교가 물었습니다.

"너희들 예수 믿지?"

겁이 난 사람들은 모두 예수님을 믿지 않는다고 말했답니다. 그러나 박윤구 권사님은 거짓말을 할 수가 없어서 "저는 예수님을 믿습니다." 하고 정직하게 대답했답니다.

그러자 인민군 장교는 예수쟁이는 인민의 적이라고 하면서 권사님을 끌고 숲속으로 들어가더랍니다. 사람들과 멀리 떨어진 곳으로 권사님을 끌고 간 인민군 장교는

"사실은 저도 어려서부터 예수님을 믿는 사람입니다. 저기 있는 사람들은 모두 죽을 것입니다. 어서 도망가십시오."

하더니 허공에다 총을 쏘더랍니다. 예수님을 믿지 않는다고 거짓말을 한 다른 사람들은 모두 죽었습니다.

권사님은 노환으로 전주 일양병원에 입원해 계시다가 돌아가셨는데, 입원해 계실 때 몇 번 찾아뵈었습니다만 그때는 이미 기력이 쇠하고 말씀이 어둔해서 대화를 많이 하지 못한 게 무척이나 아쉽습니다.

사람들은 이런 경우 '무모한 정직'이라고 비난합니다. 그러나 권사님 같은 분들이 많은 사회가 정말 건강한 사회가 아니겠습니까?

25. 지혜와 거짓 행위

우리 사회에는 '참'을 강조하면서 '거짓된 것'을 퍼뜨리는 사람들이 있습니다.

언젠가 전주 시외버스 정류장에서 전도하는 사람들과 대화를 나눈 적이 있습니다. 그 사람들은 예레미야 10장 10절을 펼쳐 보여주면서 '여호와만 참 하나님'이시라고 강조했습니다. 그리고 예수님을 하나님이라고 가르치는 기독교는 잘못된 집단이라고 몰아붙이는 것이었습니다.

내가 그들에게 물었습니다.

"성경에 '예수님이 참 하나님'이시라고 한 구절은 없습니까?"

"없습니다."

"요한일서 5장 20절을 보시지요."

그 사람은 요한일서 5장 20절을 찾아 읽었습니다.

또 아는 것은 하나님의 아들이 이르러 우리에게 지각을 주사 우리로 하여금 참된 자를 알게 하신 것과 또한 우리가 참된 자 곧 그 아들 예수 그리스도 안에 있는 것이니 그는 참 하나님이시요 영생이시라.

이런 일이 있은 뒤부터 전주 일대에서 '여호와만 참 하나님이시라'고 전도하는 사람은 한 번도 만나지 못했습니다.

　이런 주장을 펼치는 사람들이야말로 '참'을 강조하면서 '거짓된 것'을 퍼뜨리는 사람들이라고 생각합니다.

　거짓을 나타내는 한자로 '僞(위)'와 '詐(사)'가 쓰입니다. '僞'는 주로 행위로써 남을 속이는 것이고, '詐'는 주로 말로써 남을 속일 때 쓰입니다.

　'僞'는 글자 구조가 '人＋爲'로 되어 있어서 '사람(人)이 하는 짓(爲)'이 거짓이라는 뜻을 가진 글자라는 해석이 가능합니다. 나는 이 글자를 보고 곰곰이 생각해 본 적이 있습니다.

　그것은 사람만 거짓 행위를 한다는 것입니다. 물론 동물도 거짓 행위를 할 때가 있습니다. 둥지에 알이나 새끼를 둔 어미 새가 사람이나 짐승이 가까이 가면 일부러 다친 흉내를 내며 둥지와 먼 곳으로 적을 유인하는 경우입니다.

　그러나 새나 짐승이 위기를 맞이했을 때 적을 유인하는 행동을 속임수라고 생각하는 사람은 아무도 없을 것입니다. 이는 사람에게 있어서도 마찬가지입니다. 어떤 사람이 산길을 가고 있습니다. 웬 여인이 달려와서 살려달라고 합니다. 숲속으로 들어가라고 손짓을 해줍니다. 여인이 숨었습니다. 여인을 숨겨준 사람은 막대기 하나를 주워 들고 눈을 감은 채 더듬거리며 길을 갑니다. 어떤 사내가 낫을 든 채 달려옵니다. 더듬거리는 사람의 멱살을 잡고 여자가 어디로 갔느냐고 묻습니다. 눈을 감은 사람이 막대기를 휘두르며 호통을 칩니다.

　"야 이놈아, 소경이 어떻게 알아!"

　본능에서 비롯된 것이기는 하지만 새끼를 지키기 위한 짐승의 거짓 행위나 여인을 살리기 위한 사람의 속임수는 거짓 행위라고 하지 않고 '지혜'라고 합니다. 짐승과 사람이 다른 것은 짐승은 자신이나 새끼를 지키기 위해 거짓 행위를 하지만 사람은 자신의 이익을 위해서 이웃에게 엄청난 손해를 입혀가면서까지 거짓 행위를 한다는 것입니다.

연단과 복

연단

1. 참된 복

복에 대한 개념은 동·서양이 다르고 기독교인과 비기독교의 견해가 다른 것이 사실입니다. 그러나 우리는 성경에 제시된 것만이 진정한 복임을 믿어 의심치 않습니다.

그런데 주의해서 살펴보면 동양인의 복에 대한 개념이나 서양인의 복 개념이 성경에 나타난 복의 개념과 그 근본정신에 있어서는 크게 다르지 않다는 사실을 알게 됩니다.

1) 성경에 나타난 복의 개념

성경에서도 특히 산상보훈을 통해 예수님께서 친히 말씀하신 복은 우리가 잘 아는 것처럼 '마카리오스(μακαριος)'로 나타냈는데 이 단어는 '많다'는 뜻을 가진 'μαρα(마라)'와 '은혜'의 뜻을 가진 'χαιρω(카이로)'가 합쳐진 구조로 되어 있어서 '은혜가 많은 것' 즉 하나님을 바로 알고 바로 섬기는 것이 복이라고 정의하고 있습니다.

이 단어는 하나님 나라에 참여하므로 얻는 즐거움이 함축된 단어입니다. 그러므로 예수 그리스도 안에서, 예수님을 본받아 살아가는 사람들이 누리는 행복을 뜻합니다.

2) 동양 사람의 복 개념

동양 사람들은 물질이 많은 것을 복으로 생각했습니다. 그래서 복을 나타내는 글자(福)의 구조를 살펴보면 '가리킨다'는 글자(示)에다 '하나(一)'의

입(口)' 밑에 '밭(田)'이 있는 것으로 되어 있어서 먹을 것이 많은 것 즉 부요
한 생활을 복으로 여겼습니다.

그런데 우리가 여기서 주목할 것은 동양 사람의 복에 대한 개념과 성경
이 말씀하는 복의 개념 사이에 별 차이가 없다는 것입니다.

성경에서 '감사'를 나타내는 말이 'ευχαριστος(유크리스토스)'인데 이 단어
에서 '특히 식사에 대한 은혜를 말하다'라는 뜻을 가진 'ευχαριστεω(유카리스
테오)'가 생겼다는 것입니다.

즉 성경이 말씀하는 '감사의 출발'이 '식사'인 점을 감안하면 '먹을 것이
많은 게 복'이라는 동양적 복 개념과 크게 다르지 않다는 것을 깨닫게 됩
니다. 다만 동양적 복 개념 속에는 '하나님의 은혜'를 분명하게 말하지 않
는 단점이 있다는 것입니다.

덧붙여서 생각할 것은 성령의 아홉 가지 열매 중의 하나인 '절제' 역시 '식
사'와 관련이 있다는 사실입니다. '절제'를 나타내는 성경 원어 'εγκρτεια(엥크
라테이아)'는 '(특히)식욕 등에 자제하다'는 뜻의 'εγκρατες(엥크라테스)'에서 유
래했다는 사실에 주목할 필요가 있습니다.

항간에 '많이 먹는 것도 죄'라는 이야기가 있는데 이는 곧 절제하지 못하
므로 죄를 짓게 될 수도 있다는 뜻입니다.

오늘날 기독교인이 전체 인구의 1/4이 된다는 남한에서 음식쓰레기로
몸살을 앓고 있다면 그 책임은 전적으로 교회에 있음을 통감하고 회개해
야 할 것입니다.

3) 서양 사람들의 복 개념

영어로 복을 나타내는 단어는 'bless(블레스)'인데 이 단어는 '피'를 뜻하
는 'blood(블러드)' 혹은 '피 흘리다'는 뜻의 'bleed(블리드)'라는 말에서 변화
되었습니다.

생명이 곧 피에 있는데(레 17:11), 생명이신 우리 구주 예수님께서 보배

피를 흘리시어 우리를 구원하셨습니다. 그러므로 주님을 위해서, 그리고
믿음의 삶을 위해서 피 흘리기까지 노력하는 그 사람이 복되다는 뜻을 가
지고 있는 것입니다.

2. 복 받은 사람

나는 복 받은 사람이다
발이 움직이지 않아서
내장산 단풍축제에 갈 수 없어도
그곳이 궁금하지 않으니
나는 복 받은 사람이다.

손이 움직이지 않아도
얼굴에 붙어 있는 파리와
친구할 수 있어서
나는 복 받은 사람이다.

목이 말라도
생활에 힘겨워하는 아내가
잠에서 깨어나기를
기다릴 줄 아는
인내가 있어서
나는 복 받은 사람이다.

촉각은 죽었어도
보고 듣고 말하고

생각할 수 있는
기능을 남겨주신
하나님께 감사드릴 수 있어서
나는 복 받은 사람이다.

내가 모시지 못해도
아주 먼 곳에 있는 나에게
"아들아 미안하다"고 말씀하시는
어머니가 살아 계셔서
나는 복 받은 사람이다.

누가 나에게
그 복들이 부럽다고 말하면
나는 그냥 웃으며 대답하렵니다
당신과 내 복이
다르지 않다고…….

　이 시를 지은 고원석 성도는 불의의 교통사고로 전혀 움직이지 못한 채 자리에 누워 지내온 지 20년이 되는 분입니다.
　스스로는 몸도 움직이지 못할 뿐 아니라 손도 움직이지 못하기 때문에 파리가 얼굴에 붙어도 누가 쫓아주지 않으면 그 불편을 고대로 감수해야 하는 상태입니다.
　그러면서도 '나는 복 받은 사람이다.'라고 외칠 수 있는 것은 신앙의 힘이 아니고는 절대로 불가능한 일인 줄 압니다. 그러나,
　"이렇게라도 말할 수 없다면 나와 같은 사람은 살아 있을 수가 없지요."

다시 말하면 자신과 같은 사람은 억지로라도 '복 받은 사람'이라고 생각해야 생존이 가능하다는 뜻입니다만, 그러나 고원석 성도 자신은 신앙이 있기에 정말 복 받은 사람이라고 했습니다.

신앙을 앞세우지 않는다고 하더라도 이 말에는 얼마나 깊은 체념과 포기가 내면화하여 승화되었는지 모르는 것입니다.

고원석 성도는 나들이 한번 하려면 절차도 복잡하거니와 말할 수 없이 힘이 듭니다. 그래서 푸른 숲, 맑은 물, 들꽃 구경하는 것 등 정상인에게는 아무것도 아닌 일들이 그에게는 일생일대의 중요한 일이 되었습니다.

어쩌다가 병원에 한번 갈 일이 생겨도 구급차가 동원돼야 하고, 많은 사람이 거들어야만 가능합니다.

그런 가운데서도 그는 시를 쓰며 신앙을 키워 가고 있습니다. 인터넷을 통해 여러 사람과 교제하는 한편 많은 사람에게 희망과 용기를 주고 있습니다.

저는 전주에서 활동하는 '겨자씨나눔선교회'를 통해 심방 봉사와 호스피스 봉사 및 목욕 봉사를 했습니다만 고원석 성도를 방문할 때마다 오히려 위로와 힘을 얻고 돌아왔습니다.

사지가 멀쩡하고 건강하여 마음대로 활동할 수 있음에도 불구하고 불평과 불만 속에서 자신을 학대하며 무위의 삶을 사는 이들이 우리 주위에는 참으로 많습니다.

그뿐 아니라 상대적 빈곤감에 빠져 헤어나지 못하는, 이른바 '가진 거지'들도 우리 주위에서 쉽게 찾아볼 수 있습니다.

이런 상태는 우리 목회자들도 예외는 아니라고 생각합니다.

몇 명 안 되는 교회를 목회하면서 웅장한 교회를 부러운 눈으로 바라보다가 상실감에 젖은 채 일손을 놓아버리는 허약함을 보여서는 절대로 안 되리라는 다짐을 해봅니다.

시련(연단)

1. 시련(연단)의 유익

'시련(試鍊)'은 '겪기 어려운 단련이나 고비'를 뜻하며, '연단(鍊鍛)'은 '단련(鍛鍊)'과 같은 말로서 '쇠붙이를 불에 달군 후 두드려서 단단하게 함'을 뜻합니다. 농기구나 연장을 만들 때 쇠를 단련하지 않으면 전혀 쓸모없는 도구가 돼버리고 말 것입니다.

연단이 혹독할수록 쓸모 있는 연장이 되는 것처럼 하나님의 일꾼뿐만 아니라 모든 일꾼은 연단을 극복하지 않고는 제구실을 할 수가 없습니다.

우리가 환난 중에도 즐거워하나니 이는 환난은 인내를, 인내는 연단을, 연단은 소망을 이루는 줄 앎이로다. (롬 5:3-4)

사랑하는 형제들아 너희를 시련하려고 오는 불시험을 이상한 일 당하는 것같이 이상히 여기지 말고 오직 너희가 그리스도의 고난에 참여하는 것으로 즐거워하라 이는 그리스도께서 영광을 나타내실 때에 너희로 하여금 즐거워하고 기뻐하게 하려 함이라." (벧전 4:12-13)

2. 고난이 주는 유익

얼마 전 수요일 저녁이었습니다. 술이 잔뜩 취한 분이 와서 예배드리는 중에 오열을 하는 것이었습니다. 예배를 마치고 대화를 나누었는데, 그분은 누군가를 죽여 버릴 마음으로 교회 앞을 지나던 중 십자가가 눈에 띄어 무조건 들어왔다는 것이었습니다.

저희 교회 십자가는 그냥 교회가 있다는 표지로 옥상에 붙여놓은, 2미터도 안 되는 작은 것이어서 지나는 사람들 눈에도 잘 띄지 않습니다. 물론 불도 켤 수 없습니다.

저는 그분이 만취한 상태이기는 하지만 고뇌에 찬 그 마음을 읽을 수가 있었는데, 그것은 저 역시 술이 잔뜩 취한 상태에서 누군가를 죽여 버리겠다고 발버둥을 치던 때가 있었기 때문이었습니다.

복수심이 사라지지 않은 상태에서 부흥회에 참석했다가 은혜를 받고, 칼의 복수가 아니라 사랑의 복수를 하자는 생각이 들어 신학에 입문했던 바, 제가 겪은 이야기를 들려주고 간절히 기도했습니다. 그분은 고맙다는 말을 남기고 돌아갔습니다.

그 며칠 후에 그분이 과일과 감사헌금을 들고 저희 교회를 찾아왔습니다. 위기를 무난히 넘기고 신앙생활을 잘한다는 것이었습니다.

이를 통해서 깨달은 바가 있습니다.

주님의 교회는 존재 그 자체만으로도 무한한 가치가 있다는 것입니다. 보잘것없는 개척교회라 할지라도 주님께서는 귀히 쓰신다는 사실에 감격했습니다.

개척교회를 이끌어 가는 목회자에게 있어서 가장 목마르게 바라는 것은 두말할 필요도 없이 교회의 부흥일 것입니다. 생각처럼 교회가 부흥되지 않을 때 목회자는 애가 마르고 간장이 녹는 아픔과 안타까움에 못 이겨, 주님께 부르짖다가 목 놓아 울기도 하고 발버둥을 치며 하소연하기를 수도 없이 반복했던 경험을 누구나 가지고 있을 것입니다.

혹간 그런 경험 없이 교회가 순조롭게 부흥하여 개척의 아픔을 크게 느껴보지 못한 행복한(?) 분들도 있기는 합니다만, 개척의 아픔을 뼈저리게 경험해보는 것도 그리 나쁘지는 않다고 생각합니다. 고난이야말로 목회자를 성숙시키는 보약이며 위로의 맛을 더해주는 조미료에 비교할 수 있기 때문입니다.

쓴맛을 모르는 사람이 단맛의 감미로움을 어찌 알겠으며, 고난의 터널을 통과하지 못한 사람이 위로의 달콤함을 어찌 알겠습니까.

아픔이 크면 클수록 주님께서 당하신 고난이 어떠하셨을까 하는 것을 조금이라도 더 실감할 수 있으니 고난을 피하거나 두려워할 이유가 없다는 것은 결코 빈말이 아님을 깨닫게 됩니다.

우리 교회의 위치는 주택가도 아니고 아파트 밀집 지역도 아니며 상가와 사무실이 주를 이루는 지역이고 특히 우범지역이어서 부흥할 수 있는 여건이 그만큼 불리하다고들 합니다. 그래서 우리 교인들이나 저를 아껴주시는 분들 중에는 장소를 옮겨보라고 권하는 고마운 분들이 많습니다.

그러나 저는 그럴 마음이 없습니다. 여건이 좋은 지역은 우리 교회 아니라도 많은 교회들이 있습니다. 그뿐만 아니라 저보다 더 젊고 유능한 분들이 열심히 전도하고 있으니 구태여 우리 교회까지 경쟁대열에 끼어들 필요가 없다는 생각이 들기 때문입니다.

이곳 같이 여건이 불리하고 우범지역에도 교회는 반드시 있어야 하지 않겠습니까? 그런데 모두 좋은 여건만 따라 교회를 옮긴다면 이곳은 누가 지킨단 말인가요. 나 같은 사람이라도 이런 곳을 지키고 있어야 지나가던 사람이라도 들어와서 잠시 쉬어가지 않겠는지요.

교회는 부흥이 되든지 그렇지 않든지 다만 존재하는 것만으로도 큰 사명을 감당하고 있다는 생각이 들어 그냥 여기 머물러 있을 생각입니다. 언제까지 있을지 그건 모르겠지만요.

지혜

성경이야말로 참된 지혜의 교과서라고 할 수 있을 것입니다. 기독교인은 물론이거니와 기독교인이 아닌 사람들에게도 '지혜' 하면 우선 솔로몬을 연상할 것입니다. 그러나 성경에 있는 이야기 말고도 우리 주위에는 지혜를 일깨워 주는 이야기가 많이 있습니다.

1. 노인의 지혜

지난날의 악습으로 '고려장'이라는 것이 있었다는 사실은 누구나 다 알고 있습니다. 그리고 그 악습이 어떻게 폐지됐는지도 알 만한 이는 다 알고 있습니다. 혹시 모르고 있는 젊은 세대가 있을까 하여 여기 옮겨봅니다.

1) 어미 말과 새끼 말의 구별

효심이 깊은 어떤 젊은이가 70이 넘은 노모를 산속 깊은 곳에 숨겨놓고 몰래 먹을 것을 갖다 드렸습니다. 그 당시 법으로 70이 넘은 사람은 누구를 막론하고 깊은 산에 내버리거나 산 채로 장례를 치러야만 했습니다.

어느 날 음식을 가져온 아들의 얼굴에 수심이 가득 찬 것을 본 노모가 물었습니다.

"아범 얼굴에 수심이 가득한데 무슨 걱정거리라도 생겼나?"

"네 어머니, 나라에 걱정거리가 생겼습니다."

"무슨 걱정?"

"중국에서 사신이 왔는데요, 어려운 문제를 내어서 나라의 대신들은 물론 임금님께서도 걱정이 이만저만이 아닙니다. 임금님께서는 백성에게도

이 사실을 알려서 누구든지 문제를 해결하는 사람에게 큰 상을 내리겠다고 하셨지만 아무도 아는 사람이 없습니다."

"그래 그 어려운 문제라는 게 뭔가?"

"똑같이 생긴 두 마리의 말을 데려다 놓고 어느 말이 어미이고 새끼인지를 구별하라는 것인데 두 말이 너무도 똑같아서 아무도 구별할 수가 없다고 합니다."

그 소리를 들은 노모가 깔깔 웃습니다.

"허어 이 사람, 그렇게 쉬운 문제를 아무도 푸는 사람이 없단 말인가?"

"네? 그러면 어머니께서는 답을 알고 계십니까?"

"알다마다. 말에게 꼴을 주어보게. 먼저 먹는 게 새끼야. 어미 말은 절대로 새끼보다 먼저 먹는 법이 없거든."

"예 어머니."

젊은이는 그길로 대궐로 달려가 임금님께 알려드렸습니다.

과연! 두 마리 말 중 한 마리가 먼저 꼴을 먹고 다른 말은 지켜보고만 있었습니다.

임금님은 몹시 기뻐하며 젊은이에게 상을 내렸습니다. 그리고 그 답을 어떻게 알았느냐고 물으시었습니다.

젊은이는 그만 사색이 되어 벌벌 떨면서 노모의 이야기를 했습니다. 노모를 감춰놓고 먹을 것을 제공하는 것은 큰 죄이기 때문이었습니다.

그러나 젊은이의 이야기를 들은 임금님은 젊은이를 용서했을 뿐만 아니라 즉시로 고려장의 악습을 폐지하라는 어명을 내렸다고 합니다.

2) 코끼리의 무게

또 다른 이야기도 있습니다.

중국 사신이 엄청나게 큰 짐승을 한 마리 데리고 와서 짐승의 무게가 얼마나 나가는지 알아내라는 것이었습니다. 그 짐승은 코끼리였는데 그 당시 우리나라에는 그렇게 큰 것을 잴 만한 저울이 없었던 것이었습니다.

임금님은 신하들을 다그쳤지만 아무도 그 방법을 제시하는 신하가 없었습니다. 이 소문이 온 나라에 퍼졌지만 백성들 중에서도 답을 아는 사람이 아무도 없었습니다.

이 역시 노모를 감춰놓고 식사를 제공하던 아들이 어머니에게 말씀을 드렸습니다. 그런데 나라 안에서 아무도 아는 사람이 없는 답을 노모는 아주 쉽게 알려 주는 것이었습니다.

"그건 이렇게 하면 되네. 먼저 그 짐승을 배에 태워서 물이 배를 어디까지 적시나 알아봐. 그다음 돌멩이를 배에 실어서 배를 적신 데까지 채워. 그런 다음 돌멩이의 무게를 합하면 그게 그 짐승의 무게야."

"예 어머니, 그렇게 쉬운 것도 몰랐군요."

젊은이는 즉시 임금님께 그 사실을 알렸고 그 지혜가 노인의 머리에서 나온 것을 안 임금님은 즉각 고려장 제도를 폐지했다고 합니다.

2. 선덕 여왕의 지혜

신라에는 세 분의 여왕이 있었습니다. 선덕여왕과 진덕여왕, 그리고 진성여왕 등인데 이 중에서 선덕여왕 때 있었던 일이라고 합니다.

중국 사신이 아름다운 꽃을 그린 그림을 한 폭 선사했습니다. 그림이 어찌나 정교한지 마치 생화를 보는 것 같았다고 합니다. 중국 사신은 신라와 같이 작은 나라에 이만한 그림을 그릴 인재가 있겠느냐 하는 듯 오만한 자세로 여왕을 바라보고 있었습니다.

그림을 들여다보던 여왕이 입을 열었습니다.

"이 꽃은 아름답기는 하지만 향기가 없는 듯합니다. 향기 없는 꽃이 아무리 아름답다고 한들 꽃으로서의 가치가 있겠습니까?"

여왕의 말을 들은 중국 사신의 얼굴에서 오만의 빛이 싹 사라지고 여왕의 지혜에 탄복하는 빛으로 바뀌었습니다.

신하들이 여왕에게 물었습니다.

"왕께서는 이 꽃에 향기가 없다는 것을 어떻게 아셨습니까?"

"간단하지 않습니까? 향기가 있는 꽃에는 반드시 나비와 벌이 모여드는데 이 꽃에는 나비나 벌이 한 마리도 없지 않습니까."

신하들은 여왕의 지혜에 탄복한 것은 물론 여왕을 대하는 중국 사신의 태도가 고분고분해진 것도 두말할 필요가 없습니다.

항상 우리를 그리스도 안에서 이기게 하시고 우리로 말미암아 각처에서 그리스도를 아는 냄새를 나타내시는 하나님께 감사하노라. 우리는 구원 얻는 사람들에게나 망하는 사람들에게나 하나님 앞에서 그리스도의 향기니(고후 2:14-15)

3. 맹인의 등불

어떤 맹인이 밤에 길을 가는데 등불을 손에 들고 가는 것이었습니다. 지나던 사람이 비웃으며 책망합니다.

"여보시오, 봉사 양반, 당신에게는 등불이 있으나 없으나 아무런 의미도 없는데 왜 등불을 들고 다니면서 기름만 허비합니까?"

"예, 저에게는 등불이 필요가 없지만, 혹시 밤길 가던 분이 나를 발견하지 못하고 부딪칠까 걱정이 돼서 그러는 것입니다."

진정으로 지혜 있는 행동이란 자신보다 남을 배려하는 마음이 앞선 데서부터 시작되는 것이 아니겠는지요?

4. 추처(醜妻)의 지혜

초등학교 시절 읽은 내용이어서 출처도 분명치 않고 이완(李浣, 1602~1674) 장군이 주인공인지도 확실치 않습니다만 아무튼 주인공을 이완 장군으로 설정하고 이야기를 시작하겠습니다.

어느 날 한밤중에 입궐하라는 어명을 받은 이완 장군이 막 집을 나서려는 참이었습니다. '부인이 잠깐 뵙고자 한다.'는 전갈을 가지고 하녀가 달려 나왔습니다. 그러나 이완은 들은 척도 안 하고 그대로 대문을 나서려고 했습니다. 그러자 두 번째의 전갈을 가지고 하녀가 다시 달려 나왔습니다. 또다시 묵살하자 세 번째의 전갈이 장군의 발길을 막았습니다.

장군은 할 수 없이 부인의 방문 앞에 서서 무슨 일로 불렀느냐고 언짢은 목소리로 물었습니다. 장군은 부인에 대한 애정이 전혀 없었는데 그 이유는 부인의 용모가 지나치리만치 박색이었기 때문이었습니다. 세상에 여자로 태어나서 그렇게 못생긴 얼굴이 있을까 싶을 정도로 부인의 용모가 형편없었다고 합니다.

"어명을 받잡고 가시는 걸음을 늦추게 해서 송구스럽기 짝이 없사오나 소첩이 드리는 말씀 한마디만 듣고 가십사 하여 이렇게 뫼셨습니다."

"됐으니 어서 연유나 말해 보시오."

"외람된 말씀이오나 한밤중에 어명을 뫼신 장군으로서 평복 차림으로 입궐하심은 재고하셔야 할 줄로 압니다."

"어명을 거역할 수 없소."

"아무리 어명이라고 하나 장군은 장군으로서의 준비가 철저해야 하리라 사료됩니다. 바라건대 속에 무장을 갖추시고 평복을 하심이 좋을 듯합니다."

부인의 말이 백번 옳다고 생각한 장군은 속에 갑옷을 입고 겉에는 평복 차림으로 대궐로 향했습니다. 가다가 보니 여러 명의 장수가 평복 차림으로 대궐을 향하고 있었습니다.

당시 임금인 효종은 청나라에 볼모로 잡혀갔다가 부왕인 인조가 승하하자 귀국하여 왕위에 오른 분이었습니다. 청나라가 조선을 침략했을 때 인조는 남한산성으로 피신하여 항쟁했지만 결국 패전하고 말았습니다.

　결국 인조는 청 황제 앞에 '삼배구고두'라는 치욕적인 예를 치러야 했고 후에 왕위에 오른 봉림대군은 청나라에 볼모로 잡혀가는 신세가 되었던 것입니다.

　'삼배구고두'란 '세 번 무릎을 꿇고 절을 하며 아홉 번 머리를 조아린다'는 뜻인데 이를 흔히 '삼전도의 굴욕'이라고 합니다.

　복수의 칼날을 갈던 봉림대군(효종)은 왕위에 오르자 군사를 훈련하고 군비를 강화하기에 온 힘을 기울였습니다. 효종은 북벌 준비를 착착 진행하면서 시도 때도 없이 신하들이나 장수들을 불러 북벌에 대해 의논했습니다.

　그러므로 그날 밤도 장수들은 별생각 없이 왕명에 따라 평복 차림으로 입궐을 서둘렀던 것입니다.

　장수들이 어느 숲길을 지날 때였습니다. 난데없는 화살이 숲속에서 비오듯 날아오기 시작했습니다. 무장으로서 아무런 준비도 되어 있지 않은 장수들은 날아오는 화살을 그대로 맞으면서도 궁궐을 향하여 달음질을 쳤고 처참한 모습으로 임금 앞에 엎드렸습니다. 상처를 입지 않은 장수가 한 사람도 없었습니다.

　어전에 엎드린 장수들을 내려다보는 왕의 얼굴이 어둠의 그늘로 가득 차 있었습니다. 이들이 맞은 화살은 날카로운 촉 대신 솜뭉치로 씌웠기에 망정이지 화살촉에 맞았다면 아무도 살아남지 못했을 것입니다.

　그런데 한 사람이 왕의 눈에 띄었습니다. 모두들 얼굴뿐만 아니라 온몸에 상처를 입어 몰골이 말이 아닌 중에 한 장수가 의연한 자세로 엎드려 있는 것이었습니다.

　"경은 고개를 들으시오."

　고개를 든 장수를 보니 바로 이완이었습니다. 이완은 어느 한 곳 다친 데가 없어 보였습니다.

"모두들 상처를 입었는데 어찌 경만 아무 상처도 없는 것이오?"

왕의 물음에 이완은 속으로 쾌재를 외치면서도 겉으로는 백배사죄를 하는 것이었습니다.

"소신을 죽여주시옵소서. 왕명을 거역하였나이다."

"명을 거역하다니, 그게 무슨 말이오?"

"평복차림으로 입궐하라시는 명을 받자왔사오나 일국의 장수가, 그것도 한밤중에 왕명을 수행하는 몸으로서 마땅히 준비가 있어야 하겠기에 평복차림에 속에는 무장을 하였나이다. 왕명을 거역한 소신을 벌하여 주시옵소서."

그 소리를 들은 왕이 무릎을 치며 감탄사를 연발합니다.

"내 오늘에야 장수다운 장수를 얻었으니 이보다 기쁠 수가 없소. 경을 북벌군 양성의 총지휘관으로 임명하니 충심을 다해 수행하시오."

"성은이 망극하옵나이다."

대궐을 나온 이완은 집을 향해 줄달음쳐 부인의 방으로 뛰어듭니다. 그리고는 부인을 감싸 안으며 고맙다는 말로 입에 침이 마르도록 치하를 합니다. 조금 전 집을 나올 때까지도 얼굴조차 대면하기를 싫어하던 부인이었지만 지금은 그렇게 예쁠 수가 없습니다.

내조란 바로 이런 것이 아니겠습니까?

5. 지혜로운 대답

인도의 성자 간디가 영국에서 대학을 다닐 때 겪은 일화라고 합니다.

피터스라는 교수는 간디에게 불만이 많았습니다. 왜냐하면 식민지의 학생이 지배국의 교수에게 머리를 숙이지 않았기 때문이었습니다.

어느 날 점심시간이었습니다. 간디가 피터스의 옆자리에서 식사를 하게 되었습니다. 피터스가 불만스러운 목소리로 한마디 던졌습니다.

"자네는 아직 세상 물정을 모르는 게 당연하겠지만 아무튼 돼지와 새가 같이 식사하는 법은 없다네."

이에 대한 간디의 대답이 일대 걸작입니다.

"제가 날아가면 문제는 간단히 해결되겠네요."

한 방 먹은 교수는 화가 잔뜩 나서 시험지를 가지고 복수하려고 했습니다. 그런데 간디의 시험점수가 워낙 좋은 바람에 빈틈을 찾을 수가 없었습니다. 그렇다고 쉽게 물러날 교수도 아니었습니다.

"돈이 든 자루와 지혜가 든 자루를 우연히 발견했는데 둘 중에 하나만 차지할 수 있다면 자네는 어느 것을 선택하겠나?"

"돈 자루를 갖겠습니다."

"이 사람아, 그래 대학생쯤 되는 사람이 지혜보다 돈이 더 탐난다는 말인가? 역시 가난한 나라 백성은 할 수 없네 그려. 나라면 두말할 필요도 없이 지혜를 선택했겠네."

간디의 기지는 여기서도 유감없이 발휘됩니다.

"무엇을 선택하든 각자 부족한 것을 선택할 테니까요."

또 한 번 얻어맞고 잔뜩 화가 난 교수는 분풀이로 간디의 시험지에 점수는 주지 않고 '멍청이'라고만 써서 주었습니다.

간디가 교수에게 물었습니다.

"교수님, 왜 제 시험지에 점수는 주지 않고 교수님 사인만 하셨습니까?"

우리말과 교육

우리말

1. 한글 장로

한뫼 이윤재 선생(1888~1943)은 교회의 장로로서 한글 운동에 최대의 열정을 기울였기 때문에 '한글 장로'의 별명이 붙었습니다. 1929년 연희전문학교, 감리교신학교 등에서 강의를 했고, 조선어사전 편찬위원회의 집행위원, 1930년 한글맞춤법통일안의 제정위원이 되어 국어 통일운동의 중진으로 활동했습니다.

1941년 기독신문사 주필로 일하면서 한글 보급과 우리말 사전 편찬에 주력하다가, 1942년 조선어학회사건으로 동지들과 함께 홍원경찰서에 붙잡혀 함흥형무소에서 복역 중 옥사하였습니다.

2. 한글 목사

강병주 목사(1882-1955)는 한글 운동을 교리전도와 함께 하였기 때문에 '한글 목사'라는 별명을 가졌습니다. 한글 학자로서 호는 백남(白南)이며 경북 영주에서 출생했습니다. 강신명 목사의 부친입니다.

1915년 계성중·사범학교를 졸업하고 영주에 내명학교를 설립하여 교육에 종사했습니다.

그 후 대구성결학교와 평양 장로회 신학교를 졸업했으며, 목사로서 풍기교회, 명동 제일교회 등에서 시무하면서 안동경안중학교장을 역임했습니다. 경안노회장, 종교교육부 교사 양성과장, 한글학회 명예회원을 지냈고 『큰사전』 편찬에 기여했습니다.

3. 우리나라 최초의 안수집사와 우리말 사랑

우리나라 최초의 안수집사는 주운성, 최현배, 이순탁 등 세 분인데 1938년 2월 6일 새문안교회가 안수했습니다.

교회 탄압의 징후가 보이자 당회에서는 헌법에 의지하여 먼저 장립 집사를 세울 것을 1937년 11월 28일에 가결하였습니다(새문안교회 70년사).

세 분 중 최현배 선생만이 끝까지 새문안교회의 안수집사로 봉직했으며, 1940년에는 특정 당회원의 자격으로 언권과 투표권을 행사했습니다.

일제의 교회 탄압이 극에 달했을 때 이에 대비하기 위해서 일사각오의 신념을 가진 분들을 장립하여 교인을 돌보고 지도하기 위한 목적으로 안수집사를 세웠던 것이니, 최현배 선생의 믿음이 어느 정도의 수준이었는지 짐작할 수 있습니다.

'한글' 하면 곧 최현배 선생, '최현배 선생' 하면 곧 한글을 연상하리만치 한글과 최현배 선생은 떼려야 뗄 수 없는 것입니다.

일찍이 최현배 선생은 이런 말을 한 적이 있습니다.

"나랏말과 글에는 얼이 깃들여 있다. 그러므로 말·글을 간직하는 한 땅은 빼앗겨도 민족은 망하지 않으리."

그런가 하면 알퐁스·도오데의 작 '마지막 수업'에 이런 말이 있음도 잘 압니다. 프랑스가 독일에 점령당했을 때 프랑스 말 교육의 중지 명령을 받은 아벨 선생이 마지막 수업을 진행하면서 학생들에게 남긴 말입니다.

"우리 민족은 노예로 떨어져도 우리말을 잊어버리지 않는 한 감방의 열쇠는 우리에게 있다."

국어의 중요성에 대해서 이보다 더 실질적이고 실감나는 말을 과연 어디서 찾아볼 수 있을까요?

일제 때, 선생은 우리말을 쓴다는 죄 아닌 죄 때문에 수감되어 있을 때

『글자의 혁명』이라는 책을 저술했습니다.

선생은 매에 못 이겨 넘어질 때마다 다시 일어나서 앞으로 넘어졌다고 합니다. 결코 일본에게 지지 않겠다는 의지의 표현이었습니다.

사형을 각오하면서까지 어렵게 구한 연필과 종이쪽지에 한글 필기체 연구를 하여 바지 살 솜 속에 감추어 두었다가 해방을 맞이해 그것을 입고 나와 출판에 옮긴 것이 곧 『글자의 혁명』입니다.

선생은 감옥에서 나오자마자 하루도 쉬지 않은 채 우리말 연구에 몰두했다 하니 그 열심과 그 기개를 그 뉘라서 흉낸들 낼 수 있겠습니까?

이렇게 우리말과 글을 지킨 분들이 있기에 우리는 세계에서 가장 훌륭한 글을 가지고 있으며 또한 그 덕분에 우리말로 번역된 성경을 가질 수 있었던 것입니다.

한글이 이미 세계문화유산으로 등록되었으며 세계의 문자 학자들이 한글을 높이 평가하여 이르기를 '인류가 쌓은 최고의 업적 중 하나'라는 찬사를 아끼지 않는 것은 물론이요, 해방 후 우리나라를 시찰한 세계의 학자·군인·정치가 등이 이구동성으로 우리의 한글이 한국의 소망이요 힘이요 자랑임을 감탄했습니다.

세계에서 가장 귀한 책이, 세계에서 가장 훌륭한 글로 번역되었다는 사실―, 그리고 그 책이 내 손에 있다는 사실 앞에 우리는 무한 감사를 느껴야 할 줄 압니다.

4. 기독교가 우리말에 미친 영향

1) 한글도 글이라는 생각

한글도 글이라는 생각을 조선인에게 준 것은 실로 야소교회외다. 귀중한 신구약과 찬송가가 한글로 번역되매 이에 비로소 한글의 권위가 생기고 또 보급된 것이요. 석일(昔日)에 중국 경전의 언해가 있었으나 그것은 보급도 아니 되었을 뿐더러 번역이라 하지 못하리만큼 졸렬하였소. 소위 토를 달았을 뿐이었소. 그러나 성경의 번역은 물론 아직 불완전하지마는 순 조선말이라 할 수 있소. 아마 조선말과 조선 글이 진정한 의미로 고상한 사상을 담는 그릇이 됨은 성경의 번역이 그 시초일 것이오. 만일 후일에 조선 문학이 건설된다고 하면 그 문학사의 제1항에는 신구약의 번역이 기록될 것이외다(이광수, 야소교의 조선에 준 은혜, 「이광수전집 10」삼중당, 1971).

2) 기독교 선교사가 경전번역

기독교 선교사가 경전번역과 책자작성을 위하여 조선어법 및 조선문체를 연구하여 종래에 향언, 언문이라고 경시되던 국어 국문에 새로운 생명과 가치를 갖게 된 것은 진실로 우리 문화에 대한 일대 공헌이라고 할지니 저 천주교 전래 후에 교서역성(教書譯成)의 일변에서 사전편찬이 수차 실행되고 신교가 들어온 뒤에는 성서 전역과 찬송가 번역 등을 위하여 어문의 용(用)이 더 커지는 동시에 조선어의 문법 연구가 그네들의 손으로 장족진보되는 등 조선어문에 대한 기독교사들의 공적은 진실로 영원한 감사를 받을 것이요……. (최남선, 조선상식문답, 삼성문화재단, 1974)

5. 삼일절과 한글

'3월' 하면 삼일절, '삼일절' 하면 유관순이 생각나며, '유관순' 하면 애국이 생각나고, '애국' 하면 또 단결이 생각나며, '단결' 하면 젓가락을 생각하게 됩니다.

위에서 이미 말씀드렸거니와, 젓가락 한 개는 세우기가 어렵지만 여러 개를 한데 묶으면 쉽게 세울 수 있을 뿐만 아니라 아주 든든하게 세울 수 있음을 우리는 잘 알고 있습니다.

한국 민족을 하나로 묶을 수 있는 공통분모는 두말할 필요도 없이 우리말 우리글일 것입니다.

우리가 한국인이고 한글이 우리글이며, 더구나 세계의 문자학자들이 한글을 높이 평가하여 이르기를 '인류가 쌓은 최고의 업적 중 하나'라는 찬사를 아끼지 않는 것은 물론이요, 해방 후 우리나라를 시찰한 세계의 학자・군인・정치가 등이 다 이구동성으로 우리의 한글이 한국의 소망이요 힘이요 자랑임을 감탄했을진대, 우리는 우리글을 더욱 갈고 닦아 세계에 빛나는 한글이 되도록 해야 할 것입니다.

우리의 선배들은 일제의 혹독한 압제 밑에서도 1930년대에 이미 한글맞춤법 통일안을 완성했고 표준어를 사정했으며 『우리말큰사전』을 만들어 냈습니다.

일제가 민족문화 말살을 획책할 때 선배들이 우리말을 지키려 한 것은 말 그 자체가 '나라'이며 나라의 생명이기 때문이었던 것입니다.

이런 면에서 볼 때 우리 목회자들의 책임이 크다고 봅니다. 목회자의 주된 임무는 설교이며 설교는 인간의 '말'로 표현된 하나님의 '말씀 선포'일진대, 목회자는 우리말에 대해서 책임을 져야 하리라고 봅니다.

우리말을 제대로 모르고서는 '말씀'을 바르게 전하기가 어렵기 때문입니다.

6. 종교개혁과 언어혁신

우리나라의 10월은 한글날과 종교개혁주일이 같이 들어 있는 달입니다.

루터에 의한 종교개혁이 라틴어로 된 성경을 독일어로 번역하여 사용하므로 성공할 수 있었습니다.

우리나라의 교회 부흥도 한글로 번역된 성경의 힘이 절대적이었음을 부인할 사람은 아무도 없을 것입니다.

기독교는 한글을 우리나라에 되돌려주었고 한글은 교회부흥의 원동력이 되었으며 교회의 부흥은 곧 국력의 신장으로 이어져 오늘의 한국을 세계에 널리 알렸던 것입니다.

초대 한국 교회가 한글을 전용하고 한글로 성경을 번역한 것은 한국 사회를 발전시키는데 크나큰 공로가 되었습니다. 한글을 한국의 언어로 정착시켰으며, 이광수 선생이 말했듯이 '한글도 글'이라는 인식을 심어주었습니다.

특히 한글 연구의 중흥조인 주시경 선생을 비롯하여 이윤재·김윤경·정인승·최현배 같은 분들이 모두 기독교의 영향을 받은 분들이며, 그중에도 이윤재 선생은 교회의 장로로서 한글 운동에 최대의 열정을 기울였기 때문에 '한글 장로'의 별명이 있었으며, 장로교의 강병주 목사는 한글 운동을 교리전도와 함께 하였기 때문에 '한글 목사'의 별명을 얻었던 것입니다.

이렇게 우리말, 우리 글 발전에 큰 공을 세운 우리 교회가 지금은 국어 발전에 아무런 도움을 주지 못하고 있습니다. 깊이 반성할 일입니다.

7. 살려주세요!(Please help me!)

2차 세계대전이 끝난 후, 일본의 한 법정에서 있었던 일입니다.

유엔군 주도하에서 재판이 진행되고 있었습니다. 소송을 제기한 사람은 유엔군 병사에게 강간을 당했다고 주장하는 일본 여성이었는데, 자신은 결코 강간을 하지 않았다고 주장하는 유엔군 병사 측의 주장이 팽팽하게 맞선 가운데 재판이 진행되고 있었습니다.

일본 여성을 위해서 일본인 통역관이 통역을 하고 있었습니다.

재판장이 일본 여성에게 물었습니다.

"사고 당시, 주위에는 아무도 없었습니까?"

"있었습니다."

"그런데 왜 도움을 요청하지 않았습니까?"

"도움을 청했지만 도와주는 사람이 아무도 없었습니다."

"무어라고 도움을 청했습니까?"

"살려 주세요! 라고 했습니다."

통역관이 "살려 주세요!"라는 말을 통역했을 때, 법정에서는 폭소가 터졌고 유엔군 병사에게는 무죄가 선고되었습니다.

그것은 통역관이 "살려 주세요!"라는 말을 "Please help me!"라고 번역했기 때문이었습니다. 우리가 잘 아는 바와 같이 'Please help me!'는 '(일이 잘 되도록) 협조해 주세요.' 하는 뜻이 아닙니까?

결국 일본 여성은 '우리가 성행위를 잘 할 수 있도록 도와주세요.' 하고 도움을 요청한 꼴이 돼버리고 말았습니다.

"살려 주세요!" 하는 뜻이 되기 위해서는 'Please'를 빼버리고 그냥 "Help me!"라고 해야만 되는 것인데, 이 통역관은 영어의 어법을 제대로 알지 못해 그만 이와 같은 엄청난 실수를 저지르게 된 것입니다.

그냥 웃어버리기에는 너무도 심각한 이야기가 아닐 수 없습니다. 여차하면 우리도 그와 같은 실수를 저지를 수 있기 때문입니다. 아니, 우리 한국의 교회는 이미 이와 같은 실수를 많이 저지르고 있습니다.

8. '님'자로 병든 사회

딸을 시집보내는 어머니가 딸을 교육합니다.

"애야, 시집 식구들에게는 꼭 '님'자를 써서 불러야 한다."

딸이 친정어머니의 말을 기억하고 그대로 합니다.

"시아버님 머리님 좀 치워주세요. 며느리님 발님이 들어가십니다."

지금 우리 사회는 '님'자 병이 든 것 같다는 생각을 금할 수 없습니다. 장관님, 의원님, 기사님, 주부님, 자녀님……

'목사님'도 예외는 아닌데, '목사'에 '님'자를 붙이는 것이 잘못이라는 게 아니라 과잉반응이 문제라는 뜻입니다.

"목사님들의 외유가 너무 심하다고 생각합니다."

특정 인물을 지칭하거나 호칭할 경우 중 상대방을 높일 필요가 있을 때는 물론 '목사님'이라고 해야겠지만 불특정인을 가리킬 때는 '님'자를 빼고 그냥 '목사'라고 해야 바른 표현이 됩니다.

"목사님들의 외유…"가 아니라 "목사들의 외유……."

그러나 목사를 하나님 다음쯤으로 생각하는 우리 한국 교회의 정서를 고려해 다른 말을 찾자면 '목회자'로 대치하는 것이 바람직하다고 봅니다.

"목사님들의 외유가…" 대신 "목회자들의 외유가……."

우리말은 어떤 언어보다도 경어법(대우법)이 복잡합니다. 그래서 외국인들이 우리말을 배울 때 아주 어려워하는 것 중 하나가 바로 경어법이라고 합니다. 그렇다고 해서 경어법이 없애버려야만 할 악습이냐 하면 절대 그렇지 않습니다. 오히려 우리말만이 가지고 있는 특징입니다.

한국의 기독교는 우리말에 관한 한 한글 창제에 버금갈만한 공로가 있다는 사실을 명심해야 하겠습니다.

이광수 선생의 말을 빌리면 "… 더구나 예수교의 성경, 기타 종교 서류를 순 조선문으로 번역하여 보급한 것이 조선어와 문(文)의 갱생 발달에 준 영향은 오직 한글의 제정에 버금갈 것이다."라고 극찬했습니다.

이러한 교회가 언어생활에 너무 무관심하다 보니 지금은 오히려 사회의 지도를 받아야 할 위치로 전락하고 말았습니다.

교회의 자성이 필요한 때라고 봅니다.

9. 예수께서 거짓말을 하셨다(?)

『개역한글판』 요 7:8은 이렇게 되어 있습니다.

너희는 명절에 올라가라 나는 내 때가 아직 차지 못하였으니 이 명절에 아직 올라가지 아니하노라

그런데 『쉬운성경』 등 여러 성경에 요 7:8은 이렇게 되어 있습니다.

너희는 명절을 지키러 올라가거라. 나는 이번 명절에는 올라가지 않겠다. 내 때가 아직 이르지 않았다."

명절에 유대로 올라가지 않겠다고 공언하시고 남의 눈을 피해 올라가셨다면 분명 예수께서 거짓말을 하신 것입니다. 이는 우리 한글 성경의 공신력을 떨어뜨리는 중대한 사안이 아닐 수 없습니다.

쉬운성경이나 새번역, 공역개, 표준, 바른, 200주년기념신약, 가톨릭성경 등은 예수께서 거짓말하신 것으로 표현이 돼 있습니다.

이들 성경대로라면 예수께서는 분명히 이번 유월절에는 유대로 가지 않으시겠다고 공언하셨습니다. 그래 놓고 몰래 유대로 올라가신 것입니다.

그렇다면 이들 성경의 표현은 예수께서 거짓말을 하신 것이 아니라 번역상의 실수로 볼 수밖에 없습니다. 우리말에 대한 이해가 부족하여서 오류가 발생한 것입니다.

예수께서는 '명절에 유대로 올라가시기는 하는데 지금은 때가 아니다.' 하는 뜻으로 말씀하셨습니다. 예수께서 이 말씀을 하셨을 때는 아직 유월절이 시작되기 전이었습니다. 유월절을 지키기 위해 유대로 올라가는 사람들도 유월절이 시작되기 전에 올라갈 것입니다. 제자들도 마찬가지입니다.

예수께서도 유월절에 올라가시기는 하는데 그러나 제자들과 같이 올라가지 않고 혼자 올라가시겠다는 뜻으로 말씀하신 것입니다.

따라서 예수님의 뜻을 바르게 표현하기 위해서는 '아직'이라는 말을 두

번 사용해야 합니다. 이를테면 "나는 내 때가 아직 차지 않았으니 이 명절에도 아직은 올라가지 아니하노라." 이렇게 해야 예수님의 뜻을 아주 명확하게 표현할 수 있습니다.

아니면 『현대인의성경』과 같이 해야 합니다.

"너희는 어서 명절을 지키러 올라가거라. 나는 아직 때가 되지 않아서 지금 올라가지는 않겠다."

개역과 개정에는 "너희는 명절에 올라가라 나는 내 때가 아직 차지 못하였으니 이 명절에 아직 올라가지 아니하노라"고 했는데 '아직~아직'보다는 '아직~아직은'의 형식을 취하는 것이 좋습니다.

한국 교회는 우리말에 대해서 주의를 기울이지 않았기 때문에 예수님을 거짓말쟁이로 만들어 버린 것이니 우리말을 바르게 쓰는 것이 얼마나 중요하다는 것을 새삼 깨닫게 됩니다.

10. 남의 아내와 한 몸을 이루라(?)

『개역개정』 엡 5:31은 이렇게 되어 있습니다.
그러므로 사람이 부모를 떠나 그의 아내와 합하여 그 둘이 한 육체가 될지니

대명사는 사물의 이름을 대신하는 말인데, 크게 인칭대명사와 지시대명사로 나뉩니다. 인칭대명사는 1인칭, 2인칭, 3인칭으로 분류됩니다.

그런데 우리말 성경에는 대명사를 우리 어법에 맞춰서 표기하지 않고 외국어법을 기준으로 하여 표현하는 예가 비일비재합니다.

우리말 대명사의 특징 중에 '일반대명사를 재귀칭으로 사용할 수 없다.'고 하는 규정이 있습니다.

한 문장 안에서 앞에 나온 주어가 되풀이됨을 피하기 위하여 그 주어에

상당하는 인칭대명사를 바꾸어 쓰는 방식을 재귀적 용법이라고 합니다. 재귀사로는 '자기, 저, 당신'이 쓰입니다.

그러므로 "사람이 부모를 떠나 그의 아내와 합하여 그 둘이 한 육체가 될지니(창 2:24, 엡 5:31)"에서 '그의 아내와 합하여'의 '그'는 대명사의 특성상 제삼자를 가리킵니다. 즉 남의 아내와 합하여 한 몸이 되라는 뜻입니다.

그러므로 우리말을 잘 알아서 때에 맞는 말을 적절하게 사용할 수 있는 재능 또한 하나님께서 주신 축복이라고 생각합니다.

이런 경우에는 재귀칭을 사용해서 '그러므로 사람이 부모를 떠나서, 자기 아내와 합하여 둘이 한 몸이 되는 것입니다(표준성경)'와 같이 하든지 아니면 관형사로 대치하든지(개역성경) 그렇지 않으면 번역을 하지 않아야 바른 문장이 됩니다.

사람에 따라 대명사 표현이 자연스럽다고 말하는 경우도 있기는 합니다. 그러나 '그' 대신에 일반명사를 사용한 '철수는 그의 가족을 사랑한다/철수는 자기 가족을 사랑한다'와 같은 표현을 고려한다면 '자기'를 사용하는 것이 올바르다는 것을 알 수 있습니다(고영근·구본관, 우리말문법론, 집문당, 2011:75).

11. 내일 염려 내일이 한다(?)

『개역개정』마 6:34은 이렇게 되어 있습니다.
내일 일은 내일이 염려할 것이요 한 날의 괴로움은 그날로 족하니라

'염려'란, 생각과 인격을 가지고 있는 인격체가 하는 것이지 '내일'과 같은 추상명사는 생각할 수 있는 주체가 될 수 없습니다. 그러므로 '내일 일은 내일이 염려할 것이요'와 같은 문장은 우리 어법상 비문에 속하는 것입니다.

그런데 이처럼 잘못된 번역이 개역개정에서만 이루어진 게 아닙니다.

바른성경, 우리말성경, 한글흠정역, 가톨릭성경 등이 잘못된 번역을 채택했습니다.

더욱 이상한 것은 이처럼 잘못된 번역을 성서공회 측에서 공식적으로 옹호했다는 사실입니다.

"이 본문에서 문제가 되는 것은 34절의 '그러므로 내일 일을 위하여 염려하지 말라 내일 일은 내일 염려할 것이요…'라고 한 본문이다. 25절 이하에서 예수께서는 지금 당신의 청중에게 염려하지 말 것을 권면하고 계신다. 목숨을 부지하려고 먹을 걱정을 한다거나 몸을 보호하려고 입을 것을 걱정하지 말라고 하신다. 34절은 결론적으로 하신 말씀이다. 내일 걱정마저도 사람이 할 것이 아니다. 내일 걱정은 내일이 한다. 이번 『개역개정판』은 '그러므로 내일 일을 위하여 염려하지 말라 내일 일은 내일이 염려할 것이요'로 고쳤다."(개역개정판을 말한다, 성서공회, 1998:5).

'내일 일은 내일이 염려할 것이요'는 '내일이'에서 '이'를 빼버린 기존 『개역』처럼 '내일 일은 내일 염려할 것이요' 하든가 '내일의 염려는 내일에 속한 것이요' 해야 바른 문장이 됩니다.

12. '되어지다'의 바른 표현

인터넷을 검색하던 중 아래와 같은 글이 올라 있는 것을 발견했습니다 (교회용어사전 : 올바른 용어, terms.naver.com/2023.11.15.).

설교 시간에 가장 많이 틀리고 오용되는 표현 중에 하나가 '되어지다'는 말이다. 마치 강단의 전유물처럼 된 이 말은 그러나 맞춤법상 잘못된 표현이다. '되어지다'는 "피동접사를 중복하여 쓴" 경우로서 문법적으로 그릇된 표현이다. 단순히 '되다'로 해야 문장도 간결하고 또 정확하다. 마찬가지로 '보여지다' 역시 '보이다'로 해야 맞는 표현이다.

좋은 지적이기는 하나 '되어지다'는 "피동접사"를 중복하여 쓴 경우가 아나라 "피동보조동사"를 중복하여 쓴 오류입니다. 교회 관련 문서에 이와 같은 오류가 심심치 않게 나타납니다. 주의하지 않으면 교회의 공신력이 크게 떨어질 것입니다.

'되다'와 '지다'는 각각의 단어인데 품사는 둘 다 '피동보조동사'입니다. '보조동사'란 본동사와 연결되어 그 풀이를 보조하는 동사인데. '감상을 적어 두다.'의 '두다', '그는 학교에 가 보았다.'의 '보다' 따위입니다. 도움움직씨라고도 하며 조동사라고도 합니다(표준국어대사전).

보조동사는 대체로 보조적 연결 어미 '-아/-어, -게, -지, -고' 등을 매개로 하여 본용언에 연결됩니다.

보조동사는 보통 다음과 같이 나눕니다. ① 피동(-아/-어 지다, -게 되다) ② 사동(-게 하다, -게 만들다) ③ 진행(-아/-어 가다, -아/-어 오다, -고 있다, -고 계시다) ④ 종결(-아/-어내다, -아/-어 버리다, -고 나다, -고야 말다) ⑤ 봉사(-아/-어 주다, -아/-어 드리다) ⑥ 보유(- 아/-어 두다, -아/-어 놓다, -아/-어 가지다) ⑦ 강세(-아/-어 대다) ⑧ 부정(-지 말다, -지 못하다, -지 아니하다) ⑨ 시행(-아/-어 보다) ⑩ 짐작(-아/-어 보이다) ⑪ 당위(-어야 한다) ⑫시인(-기는 하다)

위 '2.3.①'에서 본 바와 같이 '지다'와 '되다'는 피동보조동사들입니다. 따라서 '되어지다'는 피동보조동사가 중복해서 쓰였기 때문에 이중피동이 되어 오류가 난 것입니다.

13. 평신도들, 성도들, 신도들

이 또한 『교회용어사전:올바른 용어, terms.naver.com/2023.11.15.』에 올라 있는 내용인데 연구가 깊지 못하여 잘못된 정보를 제공하고 있습니다.

흔히 교회에서 '평신도'(平信徒)나 '성도'(聖徒) '신도'(信徒)라는 말 뒤에 복수어미 '들'

을 붙여 사용하는 언어 습관이 있다. 그러나 '성도'나 '신도'에서 '도(徒)'는 '무리'란 뜻으로 '성도'나 '신도'는 그 말 자체가 복수명사이다. 복수명사 뒤에는 굳이 복수를 나타내는 접미사가 필요 없다. 따라서 '성도', '신도'로 사용하는 것이 적절하다.

한자 '徒'는 '도'라고 읽고 '무리, 보행하다, 다만' 등으로 새깁니다. 그런데 '徒'는 복수로도 사용되고 단수로도 사용됩니다. 예를 들어 '신도(信徒), 성도(聖徒), 불교도(佛敎徒)' 등은 복수의 개념을 지니면서도 주로 단수로 사용됩니다. 따라서 '신도+들', '성도+들', '불교도+들'과 같은 표현은 잘못된 것이 아닙니다.

14. '하나님 아버지'와 '아버지 하나님'

'하나님 아버지'와 '아버지 하나님'에 관해서도 의견이 분분합니다. 몇 가지 예를 들자면 다음과 같은 것들이 있습니다.

① 한국어 어법에 맞지 않는 것이 '하나님 아버지'이다. 우리나라 말은 명사 두 개가 겹치면 앞의 명사가 뒤 명사의 자격을 부여하거나 소유격을 나타낸다. 예를 들어 '명동 거리'라는 말은 '명동의 거리'라는 뜻이다. 같은 맥락으로 '홍길동 아버지'는 '홍길동의 아버지'라는 의미이다. 그럼 '하나님 아버지'라는 말을 살펴보자. '하나님의 아버지'라는 뜻이다. 우리가 흔히 '하나님 아버지'라고 써왔지만 문법 적으로 어색한 말이다

(https://search.shopping.naver.com/book/catalog/2023.11.21.)

② 두 개의 명사가 겹쳐서 사용될 때는 소유격만을 나타내는 것이 아니다. 자격을 나타내기도 한다. 만약 '아버지 홍길동'이라고 쓴다면 이 말은 '아버지의 홍길동'이라는 의미가 아니라 '아버지로서의 홍길동'이라는 의미이다. '하나님 아버지'가 아니라 '아버지 하나님'이라고 쓴다면 귀에 익숙지 않아 어색하고 이상하게 들릴 수 있으나 '아버지

이신 하나님'이라는 뜻이 된다. 오히려 한국어 문법에 맞는 말이다. '하나님 아버지' 또한 한국어 어법에는 맞지 않는다. 하지만 광범위하게 오랫동안 많은 사람들이 사용하고 있어 이미 수정할 수 있는 단계를 지났는지도 모른다. 그러나 바른 용어와 우리말 어법에 맞는 말의 사용은 교회 안에서 끊임없이 일어나 야할 자성의 모습이다 (https://news.kmib.co.kr/article/view.asp?arcid=0924-023093&code=23111113&cp=du /2013.11.22.

③ 기도할 때 '아버지 하나님'이 맞는 표현이겠는가? 아니면 '하나님 아버지'가 맞는 표현이겠는가? 딱히 어느 편이 맞다고 할 수는 없다. 그러나 '하나님'이란 호칭은 유일신 창조주를 존재론적으로 가리키는 말이다. 이에 비해, '아버지'는 하나님과 나의 관계성을 나타내는 말로, 하나님의 자녀 된 성도가 하나님을 부르는 특수한 호칭이다. 또 하나님께서 우리 아버지가 되는 것이지 우리 아버지가 하나님이 되는 것은 아니다. 이런 논리적 측면에서 본다면 하나님을 호칭할 때는 '아버지'를 앞세우기보다 '하나님'이란 호칭을 앞세워 '하나님 아버지'라고 부르는 것이 훨씬 자연스럽다. 아울러, 하나님은 우리 기도를 들으시는 기도의 대상자이시기 때문에 기도할 때는 반드시 기도를 받으시는 '하나님 아버지'를 우선적으로 호칭하는 것이 바람직하다. 그래서 예수님도 기도를 가르쳐 주실 때 제일 먼저 '하늘에 계신 우리 아버지여'라고 하셨다(마6:9).

(https://terms.naver.com/entry.naver?docId=2380614&cid=50762&categoryId/2023. 11. 22.)

이상 인터넷에 게재된 내용을 옮겨보았습니다만 모두가 합당한 설명은 아니라고 생각합니다.

'하나님 아버지'에서 '아버지'는 성경 원어로 '파테르(πατήρ)'인데 '파테르' 자체가 하나님의 명칭으로 사용되었습니다. 이 명칭은 삼위일체의 제1위가 그리스도에 대하여 가지시는 특수 관계를 나타내기도 하고 하나님의 영적 자녀로서의 신자에 대한 윤리적 관계를 나타내기도 하는 것입니다. (신학사전, 한국개혁주의신행협회 편,1981:731쪽).

따라서 '하나님 아버지'가 품고 있는 뜻은 '하나님이신 아버지' 혹은 '아버지 되시는 하나님' 정도가 될 것입니다.

그러면 '하나님 아버지'와 '아버지 하나님'은 어떻게 구별되는지요?

우리말 어법상 두 단어가 함께 쓰일 때는 앞에 온 단어가 강조됩니다. 즉 '하나님 아버지'에서는 '하나님'에 무게가 실리고 '아버지 하나님'에서는 '아버지'에 무게가 실리는 것입니다.

이는 '예수'와 '그리스도'를 함께 쓸 때 '예수 그리스도'로 표현하면 우리 구세주의 '인성'이 강조되고 '그리스도 예수'로 표현하면 구세주의 '신성'이 강조되는 것과 같은 이치입니다.

따라서 '하나님 아버지'로 표현하든지 아니면 '아버지 하나님'으로 표현하든지 우리 문법이나 어법상 문제 삼을 것은 전혀 없습니다. 다만 '하나님'을 강조할 것인가 아니면 '아버지'를 강조할 것인가를 구별하여 '하나님 아버지' 혹은 '아버지 하나님'으로 표현하게 되는 것입니다.

개역성경에 '하나님 아버지'로 표현한 곳은 '갈 1:1,3, 빌 2:11, 골 3:17' 등 15회 이상이며 '아버지 하나님'으로 표현한 곳은 '요 6:27, 고전 15:24, 엡 5:20, 6:23, 골 1:2, 벧전 1:3, 계 1:6' 등 7회 이상 쓰였습니다.

15. '일'과 '사역'

What is the work of creation?

이것은 원문 소요리문답 제9문인데, 이의 초기 번역문은 '창조하신 일이 무엇입니까?'였습니다. 그런데 근래에 이르러 모든 문서에 '창조의 사역이 무엇입니까?' 이렇게 번역되어 있습니다.

문제는 'work'의 우리말 번역어로 '일'이 합당한가 아니면 '사역'이 합당한가 하는 것입니다. 결론부터 말씀드리자면 '일'과 '사역'은 그 뜻과 의미 자질이 아주 다르므로 대체 혹은 교체해서 쓸 수 없습니다.

1) work

'work'의 대표적인 뜻은 '일, 작업, 노동' 등이며 특히 신학 용어로 쓰일 때는 '의로운 행위'의 뜻을 가집니다. 따라서 'work'의 의미자질은 [+존 귀]입니다.

참고로 'work'와 연관된 말들을 비교해 보면 다음과 같습니다.

① work= 가장 일반적인 말이며 넓은 뜻을 가짐. 특히 작업, 노동을 수반하는 일을 나타내는 경우가 많음.

② occupation= 사람의 시간, 관심, 정력을 차지하는 뜻으로서의 일.

③ employment= 고용자와 피고용자와의 고용관계, 계약, 임금 등을 중심으로 해서본 일(= 사역과 같은 뜻)

④ business= 주로 상업, 서비스업에 쓰이는 일.

⑤ pursuit= 자기의 일생을 건 직업으로서의 일.

⑥ profession= 학문적 소양이 필요한 지적 직업.

⑦ job= 임금을 받을 것을 전제로 한 일.

⑧ trade= 주로 숙련을 요구하는 직업.

2) 일

대표적인 뜻은 '(어떤 가치 창조를 위하여) 몸과 마음을 쓰는 활동'을 뜻하며 '일'의 의미자질 역시 [+존귀]입니다. '일'과 연관된 말들을 비교하면 다음 과 같습니다.

① 일= 의미의 폭이 커서 거의 제한 없이 쓰인다. 소득이나 보상과 상

관없는 활동이나 행동도 포함된다.

② 노동＝ 대체로 보수와 생계를 목적으로, 일관되거나 규칙적으로 반복되어 하는 일을 말한다.

③ 근로＝ 특히 법적인 계약에 따라 고용되어 하는 노동이라는 뜻으로 쓰인다. 공식적이고 법률적이며 문어(文語)에 가깝다.

3) 사역

국어사전이 제시하는 '사역'의 영문 번역어는 'employment'이고[1] 'employ- ment'의 대표적인 뜻은 '고용(雇傭)'입니다. 'employ'의 사전적 풀이에서 가장 두드러진 것은 '고용인을 부리고 있다.'는 점이 강조된다는 사실이며 '고용(雇傭)'의 뜻은 '삯을 받고 남의 일을 해줌'입니다.

앞에서 살펴본 것처럼 'employment'는 '고용자와 피고용자와의 고용관계, 계약, 임금 등을 중심으로 해서 본 일'이라는 사실을 알았습니다. 즉 노동자가 하는 일이 '사역'이므로 '사역자'와 '노동자'는 동의 관계에 있습니다. 그러므로 사역자와 노동자는 같은 뜻이 되는 것입니다. 따라서 '사역'의 의미자질은 〔-존귀〕입니다.

이상 살펴본 바와 같이 넓은 의미로는 '일'을 나타내는 말일지라도 쓰임새가 각각 다르므로 경우에 맞는 말을 골라서 써야 합니다.

만약 막노동하는 사람이 'business'를 했다고 하면 적절하지 못한 표현이 되는 것처럼, 하나님의 지상명령인 복음 전파를 위해 모든 것을 바치는 일인 '목회'를, '사역'이라는 말로 대체시키는 것은 합당치 못한 일입니다.

---

1) 『한국어대사전』(1976, 현암사), 『새국어대사전』(1975, 한영출판사), 『우리말대사전』(1995, 우리말사전 편찬회), 『신영한대사전』(2003, 교학사) 등에 '사역'의 영문 번역어가 'employment'로 제시되어 있다. 그뿐만 아니라 성경사전(2000: 741)에도 '사역하다'를 'employment'로 영역하고 '남을 써서 일을 시키다. 이스라엘 백성들은 가나안 거민에게 사역을 시켰다.'고 풀이했다.

2) 변이주(2016), 교회에 뿌려진 가라지 용어들,(나침반출판사, 155.)

더구나 성삼위 하나님께서 하시는 일을 '사역'이라는 말로 표현한다면
이는 하나님을 능멸하는 일이며 크나큰 불경이 될 것입니다.

16. 1+1은 왜 2가 되는가?

어느 날 선생님이 에디슨에게 물었습니다.
"에디슨, 하나에다 하나를 더하면(1+1) 몇이 되지?"
"모르겠습니다."
"에이, 바보! 하나에다 하나를 더하면 둘이 되는 것도 모르니?"
"글쎄, 왜 하나에다 하나를 더하면 둘(1+1=2)이 되는지 그 이유를 모르
겠다는 것입니다."

에디슨은 더 가르쳐봤자 발전을 기대할 수 없다는 이유로 학교에서 퇴
학을 당하고 말았습니다.

에디슨이 이해할 수 없었던 것은 1+1=2라는 수학적 대답이 아니라,
하나에다 하나를 더하면 둘이 되는 그 '이유'였던 것입니다. 그러므로 에디
슨이 바보였던 게 아니라 그 이유를 설명할 수 없는 교사의 부족한 실력이
문제였던 것입니다.

우리 사회는 약속으로 이루어진 모듬살이입니다.

'1'은 [일]이라고 읽고 [하나]라고 하자, '2'는 [이]라고 읽고 [둘]이라
고 하자, '1+1=2'라고 하자, 또 코가 긴 동물은 [코끼리]라고 하자… 등
이 모두 약속에 따라 정해진 것입니다.

그러므로 이 약속이 지켜지지 않거나 개인 맘대로 변경시킨다면 그 사
회는 혼란에 빠지고 말 것입니다.

국어문법은 우리 사회가 정한 '언어생활에 관한 약속'입니다. 국민 모두
가 잘 지켜야겠거니와 특히 지도층에 있는 이들이 더욱 잘 지켜야 할 것입
니다.

17. 빛과 소금 / 소금과 빛

『빛과 소금』이라는 잡지가 있습니다. 그런데 이 잡지가 소금과 빛으로 이름을 바꾼 적이 있습니다. 이유인즉 성경에 '너희는 세상에 소금이다', '너희는 세상에 빛이다' 하여 '소금'이 먼저 언급되고 '빛'이 나중에 언급되어 있다는 것이었습니다.

이와 같은 견해는 뜻밖에도 많은 목회자들이 제기하고 있어서 성도 중에도 그렇게 해야 옳은 줄 생각하는 분들이 더러 있습니다. 그래서 교회 이름 중에도 '소금과 빛 교회'가 있는 것을 보았습니다.

그러나 성경에 빛보다 소금이 먼저 언급되어 있다고 해서 반드시 소금을 먼저 써야 한다고 생각하면 그건 바른 생각이 아닙니다.

두 개의 단어를 연이어 표현할 때는 대체로 다음과 같은 규칙을 참고합니다.

첫째, 가나다 순.

둘째, 글자 수가 적은 것을 앞에.

위의 규칙을 적용하면

1) '빛'의 'ㅂ'과 '소금'의 'ㅅ'은 순서상 'ㅂ'이 앞에 있고,

2) '빛'은 '소금'보다 글자 수가 적으니 순서상 앞에 옵니다.

3) 이렇게 할 때 '빛과' '소금'이 글자 수에 있어서 조화를 이루어 발음하기가 편한 것입니다. 소금이 앞에 오면 '소금과' '빛'이 되어 여간 부자연스러운 게 아닙니다.

4) 소금을 앞에 둘 때

군이 '소금'을 앞에 두고 싶다면 소금과 빛을 한자로 표현하는 방법이 있습니다. 소금을 뜻하는 '鹽(염)'과 빛을 뜻하는 '光(광)'을 써서 '鹽光'이라고 표현하면 무리가 없습니다. 우리 주위에 '염광교회'도 있

고 또 '염광여고' '염광산업' 등 '소금'을 앞세운 이름들이 많이 있습니다.

우리말에는 '우리말 규칙'(국문법)이 있습니다. 이 규칙을 잘 모르거나 무시하면 언어생활에 큰 혼란을 불러올 수도 있습니다. 그뿐만 아니 라 사회로부터 무식하다는 비난을 면치 못하게 되어 복음전파에 장해 요인으로 작용할 수도 있습니다. '우리말 연구'에 힘을 기울이는 것은 성경 연구 못지않게 중요한 일입니다.

18. 인사가 욕으로, 욕이 인사로 들리는 곳

신성종 목사님이 쓴 『내가 본 천국과 지옥』이라는 책에 이런 글이 있습니다.

'지옥은 인사를 하면 상대방에게 욕으로 들리고 욕을 하면 인사로 들리는, 언어가 복잡한 이상한 곳이었기 때문이다. 창세기 바벨탑의 역사가 계속되는 곳이었다.'

이 글을 읽으면서 저는 깨달은 것이 참 많았습니다.

첫째, 우리 한국의 교회는 자신들도 모르는 동안 언어로써 하나님께 욕을 끼치고 있다는 사실입니다. 그 단적인 예가 '사역'이라는 용어입니다.

앞에서도 이미 말씀드렸습니다만 국어사전이 제시하는 '사역'의 영문 번역어는 'employment'이고 'employment'의 대표적인 뜻은 '고용(雇傭)'입니다. 따라서 '하나님의 사역', '예수님의 사역', '성령님의 사역' 등의 표현은 성삼위 하나님을 고용인(雇用人 혹은 雇傭人)으로 만드는 불경을 저지르는 것이니 이 얼마나 하나님께 욕이 되는 용어인지 모르는 것입니다.

둘째, 우리 한국의 교회는 자신들도 모르는 동안 언어로써 사탄의 앞잡이 노릇을 하고 있다는 사실입니다.

'마 28:11~15'에는 다음과 같이 기록되어 있습니다.

여자들이 길을 갈 때 경비병 중 몇이 성에 들어가 모든 된 일을 대제사장들에게 알리니 저들이 장로들과 함께 모여 의논하고 군병들에게 돈을 많이 주며 가로되 '너희는 말하기를 '예수의 제자들이 밤에 와서 우리가 잘 때에 시신을 훔쳐 갔다.' 하여라. 만일 이 말이 총독에게 들리면 우리가 그를 설득하여 너희에게 근심거리가 되지 않게 하리라." 하니 군병들이 돈을 받고 시킨 대로 하였으니 이 말이 오늘날까지 유대인 가운데 두루 퍼지니라.

어떻게 해서든지 예수님의 부활을 감추려는 당시 종교 지도자들의 비열한 모습이 그대로 드러난 내용입니다. 사탄은 예수님의 부활을 부정하거나 호도하기 위해서 별별 수단과 방법을 다 동원하는데 그중의 한 방법이 언어를 혼잡케 하는 것입니다.

사탄은 바벨탑 사건을 역이용하여 우리 한국의 교회로 하여금 용어를 뒤죽박죽으로 사용하게 만들어서 하나님께 욕을 돌리도록 유도하는 것입니다. 그 단적인 예가 '죽으시다'는 표현입니다.

'죽으시다'는 표현은 목숨이 끊어진 경우에는 사용하지 않는 말입니다. '죽으시다'는 표현이 가능한 경우는 '아버님은 기가 죽으셨어.'라든가 '어머님은 풀이 죽으셨어.' 등과 같이 죽음과는 상관이 없을 때입니다.

그러므로 '예수께서 십자가에서 죽으셨다'는 표현은 '예수께서는 십자가에서 목숨이 끊어지신 것이 아니라 졸도하셨거나 기절하셨다'는 표현이 되기 때문에 예수님의 부활에 정면으로 도전하는 '사탄의 용어'인 것입니다.

'죽으시다'는 표현이 잘못되었다고 주장하면 마치 주님께 욕이라도 돌리는 것처럼 펄쩍 뛰는 것이 우리 한국 교회의 현실입니다. 그 이유는 자신들도 모르게 사탄의 미혹에 빠진 사람들이 사탄을 옹호하기 때문에 일어나는 현상입니다.

이는 마치 지옥에서 인사를 하면 욕으로 들리고 욕을 하면 인사로 들리는 것과 같은 이치라 하겠습니다. 또한 예레미야 시대의 상황과 비슷한 현상이 지금 재현되고 있는 것입니다. '렘 6:10~11'에는 이렇게 기록되어 있습니다.

내가 누구에게 말하며 누구에게 경책하여 듣게 할꼬? 보라 그 귀가 할례를 받지 못하였
으므로 듣지 못하는도다. 보라! 여호와의 말씀을 그들이 자기에게 욕으로 여기고 이를 즐
겨 아니하니 그러므로 여호와의 분노가 내게 가득하여 참기 어렵도다. 그것을 거리에 있는
아이들과 모인 청년들에게 부으리니 지아비와 지어미와 노인과 늙은이가 다 잡히리로다.

저는 우리 한국의 교회가 더 이상 언어로써 하나님께 욕을 끼치지 못하
도록 하겠다는 각오로 국어를 연구하여 국어학 박사 학위를 취득했습니다.
그러나 한번 잘못 든 습관은 고치기가 매우 어렵기 때문에 저의 노력이 별
효과를 거두지 못하고 있습니다.

19. '사모(師母)'가 다의어?

목회자들이 자기 부인을 가리켜 말할 때나 남에게 소개할 때 '우리 사모
입니다' 하고 말을 하여 빈축을 사는 일이 종종 있습니다. 심지어 어떤 목
회자는 부흥회를 인도하는 도중 자기 부인을 가리켜 '우리 사모님이……'
하는 말을 하여 성도들이 입을 비쭉이며 무식하다고 빈정거리는 모습을
보았습니다.

'사모'란 원래 스승의 부인을 높여 일컫는 말입니다. 군사부일체(君師父一
體)라는 말이 있는바 스승은 임금과도 같고(師君) 아버지와도 같다(師父)는
뜻에서 비롯된 말입니다.

스승을 아버지로 생각했기에 그 부인을 어머니로 생각해서 사모(師母)라
는 말로 대접해서 부르는 것입니다. 청나라 양장거(梁章鉅)가 지은 『칭위록
(稱謂錄)』에 '사지처사모(師之妻師母)'라고 했습니다. '스승의 부인을 사모라고
한다'는 뜻입니다.

그런데 이 사모라는 말의 쓰임이 확대되어 상관이나 직장 상사 혹은 연

장자의 부인에게도 널리 쓰이고 있습니다만 아직 공식적으로 인정받지는 못했습니다. 다만 기독교회의 목회자는 그 직능이 스승과 유사하고 또 널리 쓰이는 것을 감안하여 그 부인을 공식적으로 '사모'로 인정하여 사전에 올렸습니다(표준국어대사전).

사모07 (師母) 「명사」
「1」 스승의 부인.
「2」 '기독교' 목사의 부인.
즉 '사모'라는 말을 단의어(單義語)에서 다의어(多義語)로 공식 인정한 것입니다. 다의(多義)란 한 낱말의 뜻이 여러 갈래로 나누어진 것을 뜻하며 그러한 말을 다의어라고 합니다.
동사 '보다'는 20개 이상의 갈래로 나누어지는데 예를 들면 다음과 같습니다(표준국어대사전).
「1」 눈으로 대상의 존재나 형태적 특징을 알다.
「2」 눈으로 대상을 즐기거나 감상하다.
「3」 책이나 신문 따위를 읽다.
「4」 대상의 내용이나 상태를 알기 위하여 살피다.
「5」 일정한 목적 아래 만나다.
「6」 맡아서 보살피거나 지키다.
「7」 상대편의 형편 따위를 헤아리다.
「8」 점 따위로 운수를 알아보다.
「9」 (('시험'을 뜻하는 목적어와 함께 쓰여)) 자신의 실력이 나타나도록 치르다.
「10」 어떤 일을 맡아 하다.
「11」 어떤 결과나 관계를 맺기에 이르다.
「12」 음식상이나 잠자리 따위를 채비하다.

「13」(완곡한 표현으로) 대소변을 누다.

「14」어떤 관계의 사람을 얻거나 맞다.

「15」부도덕한 이성 관계를 갖다.

「16」어떤 일을 당하거나 겪거나 얻어 가지다.

「17」의사가 환자를 진찰하다.

「18」신문, 잡지 따위를 구독하다.

「19」음식 맛이나 간을 알기 위하여 시험 삼아 조금 먹다.

「20」남의 결점 따위를 들추어 말하다.

「21」남의 결점이나 약점 따위를 발견하다.

「22」기회, 때, 시기 따위를 살피다.

「23」땅, 집, 물건 따위를 사기 위하여 살피다.

「24」(('장' 또는 '시장'과 같은 목적어와 함께 쓰여)) 물건을 팔거나 사다.

「25」((주로 '보고' 꼴로 쓰여)) 고려의 대상이나 판단의 기초로 삼다.

「26」((주로 '보고' 꼴로 쓰여)) 무엇을 바라거나 의지하다.

한국의 목회자들이나 신학자들이 '교회'나 '성전'은 건물이 아니라고 하는데 그것은 옳은 주장이 아닙니다. 그 이유는 '교회'와 '성전'이 다의어이기 때문입니다.

우리나라 개화기 때는 교회와 예배당을 '예배나 미사를 드리는 곳'의 의미를 지닌 어휘로 풀이했습니다. 『한불자전』과 『한영자전』 두 자전에 '성뎐, 성회, 셩당, 교회, 례배당' 등이 나오는데 교회는 규모가 큰 것이고 례배당은 교회에 딸려 있거나 규모가 좀 작은 것을 가리킨다고 기록되어 있습니다(김형철, 개화기 국어연구, 경남대학교 출판부, 1997).

그런가 하면 박영수의 『만물유래사전』에 '예배당'은 '규모가 작은 개인적인 예배 장소를 뜻'한다고 풀이하고 있습니다.

'교회'나 '성전'을 신학적으로 해석하고 난 후 "교회나 성전은 건물이 아
니다."라고 하는 말만 하지 않으면 아무 문제가 없습니다. 그러나 대부분
의 목회자나 신학자들이 "교회나 성전은 건물이 아니다." 하는 말을 약의
감초처럼 빼놓지 않고 강조합니다. 그것은 국어문법이나 어법을 무시하는
주장이 되는 것입니다.

다음의 '사역질'이라는 소설을 관심을 가지고 읽어 보시기 바랍니다.

20. 소설

사역질

1) 사역질

"이년아, 그래 어디 할 짓이 없어서 사역질이나 하고 자빠졌냐."

"엄마!"

"귀청 떨어지겠다 이년아."

"사역질이 뭐야, 사역질이!"

"니년이 하고 있는 일이 사역질이 아니고 뭐냐. 니가 맨날 사역한다고
그랬잖냐."

"엄마, 금지옥엽 같은 딸한테 상식 없이 이년저년해서야 어디 쓰겠어?
나도 어엿한 성인인데. 그리고 귀하신 하나님의 일꾼인 전도사인데."

"전도사라는 년이 사역질이나 하고 있으니까 그렇지."

"엄만, 사역이라는 말이 얼마나 좋은 말인지 알고나 하는 소리야?"

"엠블란슨가 뭔가 하는 말인데 막노동자나 하는 일이 엠블란스라고 하
더라."

"누가 그따위 소리를 해!"

"인철이가 그러더라."

"엄마, 인철이는 이제 중학교 삼학년이야. 그런 애들의 말을 믿어?"

"그래도 교회에서는 선생이라더라."

"교회에는 선생님 할 사람이 없어. 그래서 중학생도 임시로 반사(班師) 일을 보게 하는 거야. 그렇지만 그게 어디 제대로 된 선생이야?"

"그런 너는! 남들이 다 부러워하는 일류대학 나와서, 번듯한 직장 댕기 다가, 때려치우고 사역질이나 하고 있는 게, 그게 제대로 된 전도사냐?"

"엄마, 똑똑히 알아둬. 사역이라는 말은 영어로 미니스트리라고 하는데 성직을 뜻하는 말이야. 하나님의 일이라는 거야. 아주 중요한 사람들이 하 는 일이 미니스트리란 말이야. 뭘 모르는 인철이가 사역을 엠플로이먼트 라고 잘못 말해준 것 같은데, 사역은 미니스트리라고 하는 거야, 미니스트 리, 알았어?"

"내가 아냐? 인철이가 그러니까 알지."

"글쎄, 인철이는 이제 중학교 삼 학년짜리 코흘리개라니까 그러시네."

"인철이도 즈 형한테 배웠다더라."

"인철이 형이랬자 이제 신학교 이학년이야. 걘들 뭘 알겠어."

"아무튼 난 모르겠고, 느 아부지 말만 전하마. 이번 혼사도 깬다면 다시 는 널 안 보시겠다더라. 아예 집에는 발도 들이지 말라고 하시더라."

"아버지가 뭐라 하셔도 난 그런 사람한테는 시집 안 가."

"그 사람이 어디가 어때서 그러냐. 시험에 합격해서 곧 군청 과장이 된 다더라."

"과장이고 뭐고 교회 안 다니는 사람한테는 시집 안 가."

"그 사람도 교회는 다닌다고 하더라."

"난 목회자 아니면 결혼 안 해."

"쯧쯧…, 이년이 어쩌다 이렇게 돌아버렸나…. 아무튼 이걸로 괴기라도 한 근 떠다 먹고 집에 와."

"엄마는…, 맨날 괴기가 뭐야. 고기라고 해야지."

"말끝마다 시비냐? 잇날 어른들은, 쓸 때는 고기라고 써도 말은 괴기라고 했어."

2) 우리말 아는 체

'우리말도 제대로 모르는 것들이 아는 체는….'

왕복실 전도사는 인석이와 인철이 형제를 떠올리면서 국어사전을 펼쳤다. 인석이와 인철이 형제는 걸음마를 시작할 때부터 교회를 열심히 다녔다. 그 인석이 형제를 전도한 사람이 바로 왕복실 전도사 자신이었다. 당시 고등학교 3학년이었던 왕 전도사는 고향 교회학교 반사였다. 그때 인철이가 유치부 어린이였고 인석이가 초등부 어린이였다.

많은 아이들이 중학교나 고등학교에 진학하고부터는 교회에 발을 끊기가 일쑤였다. 그러나 인석이 형제만큼은 신앙이 잘 자라서 고향 교회를 지키고 있었다. 그런 인석이 형제가 왕 전도사에게는 말할 수 없이 귀하게 여겨졌다.

그런데 그 인석이 형제에게 어머니가 미혹을 당했다는 생각을 하니 기분이 영 개운치가 않은 것이었다.

"어? 이게 뭐야?"

국어사전을 펼쳐서 읽던 왕 전도사의 입에서는 자신도 모르는 새 '어?' 소리가 튀어나왔다.

사:역(使役)[명하타] ①부려서 시킴. employment ② ⑧⇨사환(使喚).

왕 전도사는 눈을 씻고 다시 한번 사전을 들여다보며 소리 내어 읽어봤다.

"사역…. 使役, 명사, 하다형 타동사, 부려서 시킴. employment. 사환
과 동의어…."

'이런 낭패가 있나. 사역이 엠플로이먼트라니. 분명 이게 아닐 텐데…?'

왕 전도사가 이제까지 철석같이 믿고 있는 사역의 영어 번역어는 '미니
스트리(ministry)'였다. 그런데 사역의 영어 번역어가 'employment'라
니. 이건 말이 되지 않는 소리였다. 이 국어사전은 불량품인 게 틀림없다.
'그럴 리가 없는데….'

왕 전도사는 고개를 가로저으며 컴퓨터를 켜서 인터넷 검색을 시도했
다.

사역07(使役) 〔사 : -〕

「명사」

「1」 사람을 부리어 일을 시킴. 또는 시킴을 받아 어떤 작업을 함.

¶ 사역을 나가다/사역을 시키다/교도소 밖에서 고된 사역을 끝마치고
돌아오는 외역 죄수들이 느린 걸음으로 구령에 맞춰 돌아오는 것이
보였다.(최인호, 『지구인』)

「2」 =사환03(使喚) 「1」.

「3」 '군사' 본래의 임무 이외에 임시로 하는 잡무.

¶ 어이, 조 상사. 정찰 근무뿐 아니라 그 친구에게 오늘 하루는 어떤
근무도 주지 말게. 사역, 점호, 당번까지도 그 친구는 몽땅 빠져야
하네.(홍성원, 『육이오』)

「4」 '언어' =사동02(使動).

사역-하다01(使役-) 〔사 : 여카-〕

「동사」 【…을】 사람을 부리어 일을 시키다. 또는 시킴을 받아 어떤
작업을 하다.

¶ 군수 조병갑이 수탈하기 위한 목적으로 농민들을 사역하여 멀쩡한

만석 보를 개축해 놓았다.(박경리,『토지』)

인터넷에 시선을 고정한 채 몇 번이고 읽어 보던 왕 전도사는 그만 맥이 풀리고 말았다. 국어사전에 실린 '사역'의 의미는 '고용'이었다. 그런데 교회에서는 한결같이 'ministry', 즉 '성직', 혹은 '봉사'의 뜻으로 사용한다. 국어사전이 잘못되었거나 교회가 잘못되었거나 둘 중의 하나는 잘못된 게 분명하다.

왕 전도사는 교회가 잘못되었다고 생각하고 싶지 않았다. 교회의 잘못은 곧 자신의 잘못이기 때문이었다.

남들이 다 선망하는 소위 일류대학을 나온 자신이다. 신학대학 역시 자타가 인정하는 학교를 졸업했다. 그러한 자신이 용어의 의미 하나 제대로 파악하지 못한 채 사용해 왔다면 그건 도대체 말이 되지 않는 것이다.

왕 전도사는 행여나 하는 마음으로 성경 사전을 뽑아 들었다. 성경 사전에 '사역'이 'ministry'의 뜻으로 풀이되어 있기를 바라는 마음이 간절했다. 아니 적어도 'ministry'로 해석할 수 있는 단서라도 찾을 수 있으면 좋겠다고 생각했다.

'제발, 제발'하는 심정으로 성경 사전을 찾아서 읽었다. 그러나 기대는 완전히 어긋나고 말았다. 오히려 '이건 또 뭔가' 하는 생각이 들 정도로 실망스러운 결과가 나타났다. 왕 전도사는 전신에 힘이 쏙 빠지는 것 같은 느낌을 받았다. 성경 사전에는 이렇게 풀이되어 있었다.

사역(使役):영 tribute 부리어 일을 시키거나 시키는 일을 하는 것을 가리키는 말로, 일종의 강제노동을 말한다.

'강제노동이라니, 그렇다면 한국 교회의 일꾼들은 여태 강제노동이나 해왔단 말인가? …내가 왜 여태 이걸 몰랐을까?'

왕 전도사는 어머니에게 정곡을 찔린 아픔과 수치심 때문에 한동안 어찌할 바를 몰랐다.

사역질―.

그랬다. 자신은 여태까지 사역질이나 해 온 게 틀림없었다. 아니, 한국의 목회자들 전부가 목회가 아닌 사역질을 해 온 것이다.

이 엄청난 사실을 초등교육도 받지 못했을 뿐만 아니라 교회도 다니지 않는 어머니가 일깨워 준 것이다.

왕 전도사는 사역의 뜻을 제대로 알지 못한 채 마구 써 온 자신이 부끄러워 견딜 수가 없었다. 중학생인 인철이도 아는 것을 자신이 여태 몰랐다니 이건 정말 낭패가 아닐 수 없다.

이튿날 교회에 출근한 왕 전도사는 담임목사에게 '사역'의 정확한 뜻이 무엇인지를 물어보았다. 교역자 기도 모임이 끝난 뒤였다.

"목사님, 사역의 정확한 뜻이 뭔가요?"

왕 전도사는 담임목사가 '사역'의 뜻을 정확히 알고 있으리라고는 생각하지 않았다. 그렇다고 딱히 물어볼 만한 사람도 없었고 또한 담임목사의 입에서 어떤 대답이 나올지 궁금하기도 했던 것이다.

"이 책을 보면 확실히 알 수 있을 거야. 내 친구가 쓴 거야."

담임목사는 책꽂이에서 얇은 책 한 권을 뽑아 왕 전도사에게 주었다. 교회 용어를 바르게 쓰자는 주장이 담긴 책이었다. 왕 전도사는 목차에 적힌 대로 '사역' 항목을 찾아 읽어 보았다. 그 책은 성도가 질문을 하고 목회자가 대답하는 형식의 글이었다.

"섬김, 봉사, 헌신 이 세 의미를 다 포함한 말이 '사역(ministry)'입니다. 이 말에는 '일꾼'이라는 뜻도 있습니다."

책을 읽던 왕 전도사는 자신도 모르게 이맛살이 찡그려지는 것을 느꼈다.

'역시 사역의 뜻을 제대로 아는 사람은 없구나.' 하는 생각이 들어 실망
감을 감출 수가 없었던 것이다. 왕 전도사는 저자의 약력을 살펴보았다.
철학과 신학을 전공했을 뿐 국어를 전공한 이력은 없었다.

왕 전도사는 물밀 듯한 실망감과 함께 일종의 의분이 솟구침을 느꼈다.
어떻게 국어도 전공하지 않은 사람이 국어 관련 글을 써서 본질을 호도할
수 있단 말인가.

"이제 '사역'에 대해서 확실히 알겠어?"

담임목사는 자신이 마치 대단한 정보라도 제공해 주었다는 듯 의기양양
한 표정으로 왕 전도사를 바라보았다.

"이게 정확한 풀이일까요?"

왕 전도사는 마뜩잖다는 표정을 지으며 목사에게 물었다.

"그럼 이게 틀렸단 말이야?"

"저는 '사역'의 영어 번역어가 'employment'라고 알고 있는데요."

"왕 전도사가 잘못 알고 있는 거야."

"그럴까요? 그……."

'그렇지 않다'고 강력하게 주장하려던 왕 전도사는 그만 입을 다물어 버
리고 말았다. 담임목사의 심기가 불편해지는 것을 바라지 않았기 때문이
었다.

담임목사는 자신의 학문적 수준에 대한 자부심이 대단한 사람이었다.
평소 '한국의 신학박사나 목회학박사 중 구십구 퍼센트가 가짜'라는 말을
무슨 주문처럼 외워대는 담임목사였다. 그렇게 말함으로써 자신이야말로
진짜 박사, 그것도 외국어로 논문을 쓴 '박사 중의 박사'라는 것을 은근히
내세우는 것이었다.

"왕 전도사는 이 책이 잘못되기라도 했다는 거야?"

담임목사의 말에는 왕 전도사를 낮잡아 보는 마음이 역력히 배어 있었

다. 자존심이 상한 게 분명했다. 왕 전도사 역시 심기가 뒤틀려 옴을 느꼈
다. 다물려던 입을 다시 열었다. 자신도 모르게 가시 돋친 말이 나왔다.

"국어사전에는 '사역'이 'employment'의 뜻으로 풀이되어 있던데요."

"이건 신학 용어야."

신학 용어와 국어사전의 풀이는 다를 수 있다는 주장이 짙게 밴 어투였
다.

"성경 사전에는 트리뷰트(tribute)으로 나와 있던데요."

"무슨 성경 사전?"

"청지기 성경 사전에요."

"사전이 틀릴 수도 있지."

"그게 말이 됩니까?"

"뭐가 어째?"

담임목사의 언성이 높아졌다.

"……."

왕 전도사는 아무 말 없이 밖으로 나왔다.

"저런 못된 버르장머리……."

담임목사의 구시렁거리는 소리가 등 뒤에서 분명하게 들렸다.

'박사 자랑 말고 우리말이나 제대로 아세요.'

속으로 야유를 보낸 왕 전도사는 뒤도 돌아보지 않고 밖으로 나와 부교
역자실로 들어갔다.

"오늘 어디로 사역 나가세요?"

기다리고 있던 심방 대원 중 정 권사가 물었다.

"사역 안 나가요."

"그럼 뭐해요?"

"심방하지요."

"호호호! 전도사님, 농담도 잘하시네요."

정 권사는 왕 전도사가 농담을 한다고 생각하는 모양이었다. 한국 교회에서 '사역'이라는 말은 약에 감초처럼 두루뭉술하게 쓰이기 때문이다.

목회사역, 심방사역, 설교사역, 선교사역, 말씀사역, 음악사역, 호스피스사역…. 아무튼 '사역'은 갖다 붙이면 뜻이 통하는 편리한 용어가 돼버렸다.

따라서 정 권사가 '오늘 어디로 사역 나가느냐'고 물은 것은 심방할 지역이 어디냐고 묻는 말이 된다. 그런데 왕 전도사는 '사역은 안 나가고 심방을 할 것'이라고 했다. 정 권사에게 있어서 그 말은 농담으로 들릴 수밖에 없었던 것이다.

그러나 지금 왕 전도사에게 있어서 '사역'이라는 말은 무슨 외국어라도 듣는 것처럼 귀에 거슬렸다.

"전도사님, 그러면 오늘 심방할 지역이 어디인가요?"

정 권사는 왕 전도사의 농담이 재미있다는 듯 생글생글 웃으며 다시 묻는다.

"오늘은 예루살렘 구역을 심방할 건데, 다들 오셨나요?"

"아직 박 집사와 장 권사가 안 왔어요."

"그럼 조금 기다리지요."

3) 선보기

왕 전도사는 군학이라는 젊은이가 볼수록 재미있는 사람이라고 생각했다. 첫선은 부모님 성화에 못 이겨 억지로 끌려 나가다시피 했지만 두 번째 만남은 왕 전도사가 서둘러서 이루어졌다.

첫선은 그야말로 마지못해 보았다. 인사치레 정도로 한 번쯤 만나주자는 가벼운 마음으로 맞선을 보는 장소에 나갔다. 그런데 왕 전도사는 처음

만난 군학에게서 예사 사람이 아니라는 인상을 강하게 받았다. 몇 마디 안 되는 대화를 통해서도 군학이 의지가 굳고 심지가 곧은 사람이라는 것을 느꼈다.

입이 무거웠지만 말에는 조리가 있었다. 언행을 통해 나타나는 교양미는 아무에게나 흔히 볼 수 있는 것이 아니었다. 그 교양미는 장로요 권사인 부모에게서 물려받은 것 같았다.

군학의 부모 역시 예사 장로나 권사 같아 보이지 않았다. 요즈음 신앙 경력 좀 있으면 자격 여부와 상관없이 교회 직분이 남발된다. 그러나 군학의 부모들은 첫눈에 보아도 남발된 직분자들이 아님을 알 수 있었다.

군학이나 그 부모들에 대한 호기심과는 달리 왕 전도사는 이 선을 되도록 빨리 끝내고 싶었다. 어머니에 대한 불안감 때문이었다. 점잖고 신앙과 교양을 두루 갖춘 군학의 가족들이다. 그런데 어머니의 입은 언제나 가볍다. 혹시라도 이 자리에서 어머니의 경망한 모습이 드러난다면 그런 낭패가 없다.

선을 보고 헤어지기 전, 군학의 어머니는 왕 전도사를 향해 인사말 겸 부탁의 말을 했다. 어미의 간절한 마음이 그 말과 눈빛에 고스란히 녹아 있었다.

"우리 군학이가 신학을 하고도 지금은 딴 길을 가고 있지만 원래 심지가 굳은 애예요. 언젠가는 제 길을 가야 할 거니까 전도사님이 좀 힘이 돼 주세요."

'신학을 했다고요?'

하마터면 이 말이 튀어나올 뻔했다. 그러나 왕 전도사는 순간적으로 마음을 수습하고 겸사의 말을 했다.

"저 같은 게 무슨 힘이 되겠어요."

두 번째 만남은 왕 전도사가 그 어머니를 재촉하여 성사되었다. 신학을 하고도 목회자의 길을 접은 이유가 궁금했기 때문이었다.

"신학을 하셨다면서요?"

왕 전도사는 주문한 차를 기다리는 동안 궁금했던 것을 물었다.

"했지요."

군학의 대답은 언제나 간결했다.

"근데 왜……?"

"왜 사역을 안 하고 삼천포로 빠졌냐고 묻고 싶은 거죠?"

'이 사람도 사역에 병이 든 사람인가?'

'사역'이라는 말을 듣는 순간 왕 전도사는 군학에 대한 기대와 관심이 폭삭 주저앉는 것 같은 느낌을 받았다.

"……."

"한국 교회는 목회에는 관심이 없고 사역에만 관심이 있더라구요."

"?……."

이 한마디에 폭삭 주저앉으려던 군학에 대한 관심이 번개같이 되살아났다. 그렇다면 이 사람도 사역의 정확한 뜻을 알고 있단 말인가?

"목회와 사역이 다른 건가요?"

무슨 대답이 나올까? 왕 전도사는 궁금증이 가득 담긴 눈으로 군학의 입을 주시했다.

"목회는 일꾼의 몫, 사역은 삯꾼의 몫 ―. 그렇다고나 할까요?"

"그렇다면 미니스트리와 엠플로이먼트의 차이란 말이 되겠네요?"

"어? 어떻게 전도님이 그걸 알고 있죠?"

"어떻게라니요. 이건 중학생도 알고 있는 문제인데요."

"한국의 목사나 신학자도 모르는 걸 중학생이 알고 있다고요? 그걸 알고 있는 중학생이 누군가요?"

"인철이라고 하는 학생인데 고향 교회 반사예요."

"그럼 인석이가 가르쳐 줬겠군."

"인석이를 아세요?"

"외가로 동생뻘이 되지요."

인석이 형제로 인해 두 사람의 대화는 더욱 활기를 띠었다. 세상이 넓다지만 좁은 것도 사실이다. 어떻게 인석이 형제를 두 사람이 다 알고 있는 사이일까?

"묘한 인연도 있네요. 인철이가 동생이라니요."

왕 전도사가 신기해 못 견디겠다는 듯한 표정을 지으며 말했다.

"하나님의 섭리겠지요."

군학은 역시 짧은 말로 대답했다.

'이 사람의 신학은 나보다 더 탄탄하고 건전하구나…….'

이런 사람이 목회를 포기했을 때는 그럴 만한 이유가 있을 것이라고 왕 전도사는 생각했다. 이유가 더욱 궁금해 물었다.

"목회는 왜……?"

"접었냐구요?"

"이유가 있을 것 같은데요."

"있지요."

"무슨……?"

"따지고 보면 뭐 별것도 아닌 일이었는데……."

군학은 혼잣말인지 왕 전도사 들으라고 하는 말인지 혼자 중얼거리고 나서 다음과 같은 이야기를 들려주었다.

4) 허울뿐인 '성노회'

군학이 막 신학교를 졸업하고 읍내 교회의 학생부 교육전도사로 부임했을 때였다. 전도사와 준목들도 노회에 참석하라는 공문이 전달되었다. 노

246 흰 가운 검은 가운

회원이 아니므로 참석의 의무는 없지만 참석하여 선배의 지도를 받으라는 것이었다.

무언가 배울 것이 있으리라는 마음으로 참석했지만 돌아온 건 실망뿐이었다. 회원들은 입만 뻥긋하면 '노회'에다 '聖(성)'자를 붙여 '거룩한 모임'이라는 것을 강조했다. 그런데 그들의 행동을 보면 '聖노회'는 그냥 구호에 지나지 않았다.

오후가 되자 회의장에 남아 있는 사람은 절반이 조금 넘을 정도였다. 회의 발언도 말하기 좋아하는 몇몇 사람의 몫일뿐이었다. 남아 있는 사람들마저도 대부분 차나 마시고 잡담을 하거나 과일이나 먹고 과자를 씹으며 시간을 때우는 게 고작이었다. 마지막 안건이 상정되었을 때까지 자리에 남아 있는 회원은 삼분의 일도 되지 않았다.

끝까지 남아 회의를 방청하던 군학은 마지막 안건에 관심이 쏠렸다. 교회에서 쓰는 용어 중 잘못된 것을 바로잡자는 내용의 안건이었다. 이 안건을 발의한 한민언 목사는 다음과 같은 요지로 안건의 내용을 설명했다.

바로잡아야 할 용어 중 대표적인 것으로 '죽으시다'와 '사역'이 있다. '죽으시다'는 표현은 사람의 목숨이 끊어진 상태에는 쓰이지 않는 말이기 때문에 잘못된 표현이고, '사역'의 영어 표현은 'employment'인데 한국 교회에서는 이를 'ministry'로 번역해서 사용하기 때문에 잘못됐다.

또 (애 4:1)은 '순금이 변절하였으며'로 되어 있는데, '변절'이란, 사람이 절개를 꺾거나 계절이 변했을 때 쓰는 말이다. '순금'은 '변절하는' 것이 아니라 '변질되는' 것이므로 '변질'로 고쳐야 한다. 또한 (마6:34)에는 '내일 일은 내일이 염려할 것이요'로 되어 있는데, '염려'란, 생각과 인격을 가지고 있는 인격체가 하는 것이지 추상명사인 '내일'은 생각할 수 있는 주체가 될 수 없다. 그러므로 이 문장은 '내일 일은 내일 염려할 것이요' 해도 번역상 문제가 없다. 그렇지 않으면 '내일의 염려는 내일에 속한 것이요' 이렇게 해야 바른 문장이 된다.

군학은 국어를 전공하지는 않았지만 우리말을 바로 쓰는 일에 관심이 많았다. 한민언 목사의 설명에 박수로 호응해 주고 싶다는 생각이 들었다. 그러나 회의장 분위기는 싸늘하기 그지없었다.

한민언 목사의 설명이 끝났는데도 한동안 아무도 입을 열지 않았다. 참다못한 노회장(사회자)이 "이 문제를 어떻게 할까요?" 하고 반응을 촉구했지만 역시 한동안 아무도 발언하는 이가 없었다.

"이 문제를 어떻게 처리할까요?"

노회장이 다시 한 번 반응을 촉구했다. 그러자 최대오 목사가 손을 들고 자리에서 일어났다. 최대오 목사는 군학이 섬기는 교회의 담임목사였다.

"이 문제는 논의를 보류하는 게 좋겠습니다. '죽으시다'는 표현은 특히 한국 신학의 거성이신 박○○ 목사님이 신학적으로 합당한 용어라고 하셨고, '사역'은 누구나 보편적으로 쓰는 말이며, 그 외에 다른 용어들도 훌륭한 국어학자들의 감수를 거친 것이기 때문에 별로 하자가 없다고 생각합니다."

최대오 목사가 자리에 앉자 한민언 목사가 즉각 그렇지 않다고 반박했다.

"그렇지 않습니다. 박○○ 목사님은 국어를 전공한 분이 아니고, 또 국어학자들이 감수했다고 하지만 어떤 분들이 감수했는지 몰라도 아무튼 성경의 용어 중 우리 어법에 맞지 않는 말이 많은 것은 사실입니다."

"……."

얼마간의 침묵이 또 계속되었다.

"그럼 이 문제는 아직 시기상조라고 생각되니까 논의를 보류하도록 하겠습니다."

노회장이 일방적으로 논의의 보류를 선언했다.

"시기상조라니요, 보류라니요!"

한민언 목사의 항의에도 불구하고 노회장은 그대로 회의를 진행했다.

5) 결론 없는 이야기

"그래서요?"

군학이 어떤 결론도 없이 이야기를 끝내자 뒷일이 궁금해진 왕 전도사가 후일담을 재촉했다.

"다음날 담임목사님께 물었지요. 한민언 목사님의 말씀이 백번 옳다고 생각하는데 목사님께서는 왜 틀렸다고 생각하시느냐고요. 그랬더니 참, 어이가 없어서……."

"목사님이 어떻게 반응하시던가요?"

"목사가 그렇다면 그런 줄 알아!"

"그래서 어떻게 반응하셨는데요?"

"전도사님은 지금 나를 심문하는 겁니까, 취조하는 겁니까?"

"궁금하잖아요."

"한참이나 입씨름이 벌어졌지요. 나는 한 목사님의 주장이 맞다, 담임목사님은 아니다…, 나중에는 울화통이 치밀어서 한 방!"

"어머! 목사님을 때렸어요?"

왕 전도사가 놀라서 물었다.

"책상을 쾅!"

"호호호……. 어쩜, 재미있네요. 그 뒤로 사역을 그만두셨나요?"

순간, 왕 전도사는 아차! 했다. 자신도 모르게 '사역'이라는 말이 튀어나왔기 때문이었다. 과연 오래된 습관은 쉽게 고쳐지지 않는다는 것을 절실히 느꼈다.

"그 길로 사표 쓰고 나와 버렸죠. 목사 되겠다는 생각도 접고요."

"그랬군요……. 그리고 나서 고시 공부에 몰두하셨군요……. 점심시간
됐는데 식사하러 가시죠. 제가 괴기 사 드릴게요."

왕 전도사는 일부러 '괴기'라고 발음하여 기분전환을 시도했다.

"괴기?"

되받는 군학의 표정도 한결 밝아 보였다.

"우리 엄마는 늘 괴기라고 해요. 그러면서 옛날 어른들은, 쓸 때는 고기
라고 쓰지만 말할 때는 괴기라고 했다나요?"

"모친께서는 우리말의 달인이신가 보네요."

"네에?"

하마터면 '일자무식인 엄마가 우리말 달인이라고요?' 하는 말이 튀어나
올 뻔했다.

"괴기라고 발음하는 것이 우리 어법과 무관하지 않다는 걸 아시나요?"

"그…게 우리 어법과 무슨 상관이 있어요?"

왕 전도사는 정말 궁금하다는 표정을 지으며 물었다.

"앞에 오는 말의 모음이 뒤에 오는 이(ㅣ)와 만날 때 이(ㅣ)가 더해서 발음
되는 현상을 모음동화라고 하지요. 예를 들면 고기 외에도 토끼를 '퇴끼'라
고 한다든지 죽이다를 '쥑이다'로 하는 게 그런 것들이지요."

"어머, 그걸 어떻게 아셨어요?"

"고시 공부할 때 어쩐지 국어에 관심이 있어서 조금 깊이 있게 파고들었
더니 자연스럽게 알게 되더군요."

6) 고기와 괴기

"어떤 괴기로 하시겠어요?"

종업원이 화덕을 들고 왔을 때 왕 전도사가 군학에게 물었다. 화덕에는
숯불이 활활 피어오르고 있었다.

"전도사님 좋아하시는 것으로 주문하세요. 돈은 내가 낼 테니까."

"아니에요. 오늘은 제가 사요. 삼겹살, 등심, 갈비, 어떤 거…?"

"삼겹살로 하지요."

왕 전도사가 삼겹살 2인분을 주문했다. 활활 타는 숯불을 이윽히 내려다보던 군학이 혼잣말 비슷이 말했다.

"참나무 숯 참 오랜만에 본다."

"이게 참나무 숯이에요? 불이 참 괄아요. 아참, 근데 이것도 아시는지 모르겠네요."

"뭔데요? 모르는 거 빼고는 다 알지요."

"참나무 소리를 듣고 보니까 생각이 나는데요. 우리 엄마는 나무라고 하지 않고 꼭 낭구, 낭구 하는데 이것도 우리 어법으로 설명할 수 있나요? 아니면 그냥 사투린가요?"

"참으로 고맙습니다."

군학이 뜬금없이 고맙다는 말과 함께 고개를 숙여 보였다.

"뭐가 고마운데요?"

"내가 아는 것만 물어보니까요."

"그것도 아세요?"

"꼭 내가 아는 것만 물어보니까 모르는 게 없지요. 하하하…… 사투리라고 해서 그냥 사투리는 없는 것 같아요. 나무의 옛말은 '났'이었지요. 이것이 '나모'를 거쳐 '나무'가 됐는데, 일부 사람들, 특히 강원도를 비롯한 중부 사람들이 '났'을 연철 발음하여 '남그' 혹은 '남구'라고 하다 보니까 'ㄱ' 앞에서 'ㅁ'이 'ㅇ'으로 바뀌어 '낭구'가 된 거랍니다."

'아깝다…… 이런 인재를 교회가 내쫓았으니 얼마나 큰 손실인가.'

왕 전도사의 얼굴에는 아쉽다는 표정이 역력히 나타났다.

한편 여태까지 그냥 무식쟁이로만 알았던 어머니의 우리말 실력에 놀라움을 금치 못했다. 어머니는 학교 근처에도 가보지 못했다고 했다. 하지만 배움이라는 것이 꼭 학교를 통해서만 이루어지는 건 아니다.

어머니는 생활 현장에서 어른들을 통해 우리말을 정말 잘 배웠다. 그런데 오늘날의 교회는 어른들 때문에 후배들이 우리말을 잘못 쓰고 있다.

"내가 공무원이 되어 발령이 나면 종교 담당 부서를 선택할 겁니다. 그래서 내 모든 역량을 총동원해 교회 개혁의 길을 찾아볼 겁니다."

군학이 당찬 포부를 밝혔다. 그 얼굴에는 의지와 패기가 넘쳐흘렀다.

'그렇게 하세요. 그래서 한국 교회가 새로워졌으면 좋겠네요. 저도 사역질 그만두고 진정한 하나님의 길이 무엇인지 찾아볼게요.'

왕 전도사는 속으로 뇌며 군학의 얼굴을 정면으로 쳐다보았다. 쳐다보면 볼수록 '이 사람과 일생을 같이했으면 좋겠다.' 하는 생각이 가슴 깊은 곳에서 솟아오르는 것이었다. 〈졸작: 『오늘의 크리스천문학』 66호(2015. 가을호) 소재〉

교육(교훈)

1. 어머니의 교육

5월은 가정의 달입니다. '가정의 달'을 제대로 챙기지 않던, 아니 챙길 여유도 없던 지난날에는 자녀들 때문에 부모의 속이 상하는 경우가 지금보다 훨씬 적었습니다.

그러나 좀 살 만해지고 자녀를 챙길 여유가 생기고부터 자녀 때문에 골머리를 앓는 부모가 급증하게 된바 이는 참으로 자업자득이며 자승자박의 화를 자초한 결과라 하겠습니다.

한 슬기로운 어머니가 자녀를 반듯하게 길러낸 경우를 알고 있어서 소개합니다.

고등학생인 아들이 여학생들과의 교제가 복잡해 공부에 손을 놓아버린 것을 염려한 어머니는 어느 날 아들의 여자 친구들을 모두 초대했습니다.

"이번 네 생일에는 특별히 엄마가 한턱낼 터이니 네가 좋아하는 여학생들을 모두 불러오너라."

신이 난 아들은 여러 명의 여자 친구들을 불러왔습니다. 어머니는 정말 친절히 여학생들을 대접해줬습니다.

여학생 하나하나 잘 관찰한 어머니는 그 후 며칠이 지난 뒤 아들을 불러서 여학생들을 일일이 평하는 것입니다. 일종의 흠집 내기 작전입니다.

"그 이 아무개라는 여학생은 얼굴도 예쁘고 공부도 잘하는 것 같더라."

그러면 아들은 덩달아 신이 나서

"정말 그렇지요?"

하며 무척 좋아하더랍니다.

"근데 말이야, 아깝게도 말하는 것이 좀 가볍더라. 입이 가벼운 사람은 언젠가는 반드시 실수를 하게 되어 있는데 너는 어떻게 생각하니?"

그리고는 또 다른 여학생은 어디가 어떤데 바로 그 점만은 마음에 안 들더라는 둥, 또 아무개는 다 마음에 드는데 어디가 나쁘다는 둥 이렇게 아들이 들어서 정이 뚝 떨어지도록 흠집을 내놓는다는 것이었습니다. 그러면 아들은 시무룩해서 차츰차츰 여학생들과 거리를 멀리하다가 곧 교제를 안 하게 된다는 것입니다.

번번이 그렇게 해서 아들이 대학을 무난히 졸업하게 되었다는 것이었습니다. 비단 이성 친구를 사귀는 문제뿐 아니라 매사에 지혜롭게 아들을 양육하여 훌륭한 사회인이 되도록 이끌었으니 참으로 슬기로운 어머니가 아닐 수 없습니다.

오늘날은 부모들조차도 자기 몫 챙기기에 바쁘다 보니 자식은 뒷전이 되는 경우가 많은바, 오늘의 부모들도 이 어머니에게서 좋은 교훈을 받아야 할 것입니다.

2. 아빠, 말하지 마!

10원짜리만 돈으로 알던 제 딸아이가 100원짜리의 가치를 알고, 또 돈 쓰는 재미도 제법 깨닫게 되었을 때입니다.

걸핏하면 100원을 달라고 하는 것입니다. 100원이면 새우깡이나 맛동산, 혹은 라면땅 등으로 하루 군것질을 할 수 있기 때문이었습니다. 이왕에 돈을 줄 바에는 무언가 깨닫게 해주어야겠다는 생각이 들어 한 가지 꾀를 냈습니다.

화장대 위에 진열된 크림 병 밑에 동전을 숨겨놓고는 '교회에 가서 기도하고 크림 병을 들어 보라'고 일렀습니다.

딸아이는 돈이 필요할 때마다 교회에 가서 기도하고 크림 병을 들어 보는 것이었습니다. 들어볼 때마다 돈이 있는 게 무척 신기한 듯 딸아이의 얼굴에는 언제나 미소가 함뿍 머금어 있었습니다.

그렇다고 돈을 얻기 위해서 과자를 얼른 사 먹거나 씀씀이를 헤프게 하는 것은 아니었습니다. 주전부리 습관이 심하지 않았던 까닭에 딸아이의 기도는 이틀이나 사흘에 한 번씩 이루어졌습니다.

그러던 어느 날이었습니다.

무슨 욕심이 생겼던지 100원짜리를 손에 쥔 채 찾아온 딸아이는

"아빠, 나 기도할까?"

하는 것이었습니다.

"너 돈 있잖아."

돈을 가지고 있을 때는 기도를 해도 하나님께서 돈을 안 주신다고 늘 일러오던 터였습니다. 그러자 딸아이는 돈 쥔 손을 뒤로 감추면서 아주 작은 소리로

"아빠, 말하지 마!"

하나님께 일러바치지 말라는 부탁이었습니다.

"하나님께서는 다 알고 계셔."

나도 딸아이의 귀에 대고 작은 소리로 말했습니다.

하나님께는 절대로 거짓말할 수 없다는 것을 강조해서 말하자 딸아이는

"그래애?"

하며 무척이나 서운한 표정을 지으며 가버리는 것이었습니다. 그 모습이 얼마나 천진스럽고 귀엽던지요!

그러나 만약 어른이 그런 짓을 한다면 얼마나 유치하고 가증스러운 일이 되겠습니까.

어린아이가, 있는 돈을 감추고 떼를 써도 귀엽기만 한 것은 그 마음에

때가 묻지 않았기 때문일 것입니다.

우리 어른들이, 더구나 목회자들이 어린아이와 같이 순수하고 깨끗한 마음을 가질 수 있다면 얼마나 행복할 것인지요!

3. '따라오라'고 '부르신' 주님

예수께서 제자들을 부르실 때 "나를 따라오너라. 내가 너희로 하여금 사람을 낚는 어부가 되게 하리라."고 말씀하셨습니다. 이 말씀에서 '따르다'와 '부르다'는 단어가 의미심장해서 주의 깊게 살펴볼 만합니다.

1) 따르다

성경원어로 '호피소(ὀπίσω)'인데 그 뜻은 '(뒤에)자리하다, (시간이나 장소)뒤에, 후에, 뒤따르다'입니다.

이는 예수께서 앞서가시고 제자가 뒤따르는 상황의 표현입니다. 예수께서는 말이나 글로 가르치시기보다 철저히 본을 보이셨습니다.

뒤에 있는 사람은 앞 사람의 모든 것을 볼 수 있습니다. 장점도, 단점도 다 볼 수 있습니다. 그래서 실망하고 떠나는 경우도 있습니다.

만고의 스승이신 예수님은 뵈오면 뵈올수록 은혜롭고 사모할 만한 모습을 지니셨습니다.

오늘의 목회자들도 양 무리인 성도들을 뒤에서 때려서 모는 포악한 목자가 아니라 예수님처럼 앞에서 본을 보이며 이끄는 참된 목자가 되어야 할 것입니다.

2) 부르다

성경원어로 '칼레오(καλέω)'인데 그 뜻은 '(누구누구의 특별한 이름이)불리다, 부르다(일으키다)'입니다.

참된 목자는 양들의 이름을 모두 알고 각각의 이름을 불러 인도한다고 했습니다(요 10:3). 그뿐만 아니라 양의 형편을 상세히 알고(요 10:14), 양을 위하여 목숨을 버리기까지 한다고(요 10:11) 했습니다.

오늘날의 목회자 한 사람이 몇 명의 성도를 섬길 수 있겠느냐 하는 문제에 관해서는 객관적인 연구가 있어야 하리라고 생각합니다.

많은 수의 성도를 섬기는 목회자는 한결같이 교인 숫자가 문제 되지 않는다고 합니다. 부교역자를 비롯한 제직들의 협조가 잘 이루어지고 조직이 제대로 운용된다면 교인 수는 얼마가 되든지 좋을 뿐 아니라 오히려 교인이 많으면 많을수록 좋다는 경향이 있습니다.

그러나 우리 주님께서 참된 목자는 양의 이름을 각각 불러 인도한다고 하셨으니, 진정한 목자라면 자기 교회 성도의 이름을 모두 기억할 뿐만 아니라 성도 각각의 이름을 불러가며 기도할 수 있어야 하리라고 저는 생각합니다. 물론 자녀들의 이름까지 포함해서 말입니다.